Achim Kinter
Die präventive Funktion von Krisen

W0065834

Achim Kinter

Die präventive Funktion von Krisen

Essays zur Transformationsgesellschaft

Frank & Timme

Verlag für wissenschaftliche Literatur

Umschlagabbildung: Helmut Werres – *Ohne Titel, neue Version* (Frankfurt am Main) © Autor

ISBN 978-3-7329-0989-6
ISBN E-Book 978-3-7329-8948-5

© Frank & Timme GmbH Verlag für wissenschaftliche Literatur
Berlin 2023. Alle Rechte vorbehalten.

Das Werk einschließlich aller Teile ist urheberrechtlich geschützt.
Jede Verwertung außerhalb der engen Grenzen des Urheberrechts-
gesetzes ist ohne Zustimmung des Verlags unzulässig und strafbar.
Das gilt insbesondere für Vervielfältigungen, Übersetzungen,
Mikroverfilmungen und die Einspeicherung und Verarbeitung in
elektronischen Systemen.

Herstellung durch Frank & Timme GmbH,
Wittelsbacherstraße 27a, 10707 Berlin.
Printed in Germany.
Gedruckt auf säurefreiem, alterungsbeständigem Papier.

www.frank-timme.de

Inhaltsverzeichnis

1 Krisen und andere Gelegenheiten 7

2 Metaversum und Mettwurst 15

3 Blinde Flecken und Blasenschwäche 21

4 Agilität, Flamenco und etwas Kleist 27

5 Fragen Sie Herrn Tur Tur! 35

6 Das Spiderman-Dilemma 41

7 Lernt Alt was Jung versteht? 47

8 Die unerträgliche Bedeutung jedes Menschen 55

9 Multi Tasking oder Deep Listening? 63

10 Wahrheit, nein danke! 71

11 Home Office oder Work Life Distance? 79

12 Das nicht fälschbare Leben 85

13 Können wir Purpose kaufen? 93

14 Intelligenz 2.0 99

15 Unternehmen in der Rhetorikfalle 107

16 Tu dir Gutes und rede darüber 113

17 Etwas von Bedeutung 121

18 Warum wir sind was wir tun 129

19 Augen auf und durch 135

20 Citizenship en français 141

21 Fehler machen Leute 147

22 Individuum versus Kollektiv 153

23 Wann wissen wir genug? 161

24 Datenlesefähigkeit contra Krisenlesefähigkeit 167

25 Freundliche Vorhersage kommender Krisen 175

© Frank & Timme   Verlag für wissenschaftliche Literatur

1   Krisen und andere Gelegenheiten

Yesterday came suddenly.
Paul McCartney

Vielleicht sind Krisen nur Augenblicke, in denen wir uns fragen, was wir an wichtigen Angelegenheiten noch erledigen wollen oder erledigen müssten. Manche Krisen sind für uns persönlich ein lebensbestimmendes Ereignis und für die Welt unsichtbar. Andere Krisen sind Paukenschläge der Geschichte, aber wir erfahren erst von ihnen, wenn sie schon geschehen sind. Was habe ich getan, als die Mauer fiel? Ich weiß das ganz genau. Meine erste Tochter wurde geboren. Und es interessierte mich so überhaupt nicht, ob Gorbatschow, Kohl und Hasselhoff europäische, wenn nicht Weltgeschichte schreiben. Ich hielt die Welt vorsichtig in den Händen, sie war 52 Zentimeter groß und veränderte mein Leben für immer. Und auch wenn ich mich später mit der deutsch-deutschen Geschichte beschäftigte, so war und ist die gesamtdeutsche Geburt bis heute nur eine Randnotiz im Verhältnis zu dieser anderen für die Welt unsichtbaren Geburt in einem unansehnlichen Krankenhaus im Ruhrgebiet.

Multikrise

Vor 20 Jahren rubriziert der *Spiegel* den Issues Manager unter die „bizarren Berufe". Heute würden die, die sich hauptberuflich mit Krisenerkennung, -prävention und -management beschäftigen, wohl nicht mehr als exotisch gesehen werden. Vor über 10 Jahren macht der Begriff der „multiplen Krise" seine Runde. Heute darf man bedauerlicherweise feststellen, ganz gleich wie weit oder eng man ihn fasst und welche Krisen man priorisiert, dass das Phänomen selbst sich im besten Fall als nachhaltig erwiesen hat. Man könnte auch sagen: Heute sehen wir seinen wahren Charakter. Vor dem Hintergrund einer endlos erscheinenden Kette von kaum für möglich gehaltenen Ereignissen und Entwicklungen dürfen wir zweifellos wie Alena Buyx, Vorsitzende des Deutschen Ethikrats und Professorin für Ethik, von der „Multi-Krise" sprechen.

Aber – ist das gleichbedeutend mit der Einschätzung, dass wir in außergewöhnlich schwierigen, vielleicht schrecklichen, jedenfalls herausfordernden Zeiten leben? Stimmt es, wenn die deutsche Außenministerin Annalena Baerbock konstatiert, dass wir „in einer anderen Welt aufgewacht" seien? Beispiel russischer Angriffskrieg gegen die Ukraine: Das Nachrichtenportal, das ich benutze, hat die Corona-Rubrik gehen die Ukraine-Rubrik ausgetauscht. So, wie wir früher die steigenden oder fallenden Inzidenzen beim Frühstück checkten, so sehen wir heute morgens nach, wie viele Opfer der letzte Drohnenangriff im Osten der Ukraine gekostet hat. Der eine Krieg mehr in einer Welt voller Kriege ist dem Nachrichtenportal eine ganze Rubrik wert. Dürfen wir deswegen sagen, dass wir in einer Welt mit nie gekannter Krisendichte leben? Corona war nach gesellschaftlicher Übereinkunft eine große Krise, die viel verändert hat. Aber wenn jemand nicht an Corona erkrankte, keine Angehörigen und Freunde verlor, seinen Job unverändert ausübte und sein introvertiertes Leben einfach weiterführte – war für einen solchen Menschen die Corona-Zeit eine Krise? Etwa, weil sich die Gesellschaft verändert hat? Für wie viele Menschen hat sich nichts verändert? Und kann man, wenn diese den deutlich größeren Anteil ausmachen, dann von einer Krise reden? Kann man eine Krise überhaupt quantifizieren?

© Frank & Timme   Verlag für wissenschaftliche Literatur

Noch ein Beispiel: Man stelle sich ein 16 Jahre altes Auto vor, an dem so gut wie nichts gewartet wurde, ganz zu schweigen davon, dass man es auf den neuesten Stand der Technik gebracht hätte. Wenn man nun nach 16 Jahren wieder mit diesem Auto fahren, es alltäglich nutzen will, wird man feststellen, dass es von Grund auf überholt werden muss. Vermutlich sind größere Arbeiten fällig, einiges muss ausgetauscht werden, anderes ist so veraltet – vielleicht die Software –, dass man sich fragt, ob eine Reparatur überhaupt Sinn macht. Ich stelle mir vor, dass der Halter des Autos, das er für seinen Alltag braucht und für dessen Nutzung er keine Alternative sieht, ordentlich flucht, sich ärgert. Er versucht, die Kosten für die Modernisierung so gering wie möglich zu halten. Er findet es unerhört, dass er nicht einfach das Auto so weiter nutzen kann wie in den letzten 16 Jahren, ganz egal, ob er nun neuen gesetzlichen Regeln folgen, ob er auf liebgewonnene Bequemlichkeiten verzichten oder sein Fahrverhalten ändern muss. Und der Gedanke, der ihm vermutlich als allerletzter kommen wird, ist die Frage, was er wohl in diesen vielen Jahren hätte anders machen können. Für ihn wird diese Situation eine persönliche Krise sein, ein Schlagloch auf der Straße des Lebens. Ist sie es?

Krisen und Katastrophen

Die folgenden Miniaturen zeigen, wie vielfältig, wie komplex und wie allgegenwärtig das Thema Krise ist. Eine These könnte sein: Krisen sind, ohne deren Bewältigung und Folgen kleinzureden, immer auch Gelegenheiten. Der Vergleich zum Begriff der Katastrophe – wenn man bei einem spontanen kulturgeschichtlichen Spaziergang dabei sein möchte – kann das gut illustrieren. Beide Wörter, Krise und Katastrophe, entstammen der altgriechischen Sprache. Beide Wörter beschreiben einen Punkt, an dem eine Entwicklung, eine Situation oder eine Geschichte sich massiv verändert. Zumeist im zweiten Akt eines antiken Dramas wendet sich die Handlung, zum Guten oder zum Schlechten. Der Held wird schließlich geläutert oder verdammt. Beides ist möglich. Die Katastrophe ist so gesehen am Anfang neutral, eine dramaturgische Notwendigkeit, um den Fortgang der Geschichte zu fokussieren. Erst in der Neuzeit verengt sich ihre Bedeutung zur Beschreibung des schieren Unglücks, siehe etwa *Bayerisches Katastrophenschutzgesetz*: „Katastrophe im Sinne dieses Gesetzes ist eine erhebliche gemeine Gefahr oder Not oder ein schwerer Unglücksfall." Die Mehrdeutigkeit, die Peripetie als Möglichkeit ist verschwunden; übrig geblieben ist eine Welt voller Katastrophen, die grundsätzlich die überfordern, die von ihnen betroffen sind. Angesichts der zivilisatorischen Entwicklung könnte man staunen, dass diese Genese sich nicht in umgekehrter Richtung vollzogen hat.

Der Begriff Krise hat einen anderen Weg genommen. Auch hier geht es um einen Augenblick der Entscheidung, einen Wendepunkt. Etwas funktioniert schon eine ganze Weile nicht mehr so wie es sollte, nun ist es soweit: die Krise ist da. Auch die Krise bietet grundsätzlich die Möglichkeit, eine Lösung des Konflikts zu erreichen oder den Konflikt zu verschärfen. Es ist in diesem Zusammenhang prägnant, dass unser heutiges Wort „Kritik" sich von dem Phänomen der Krise ableitet. Alltagssprachlich ist eine „kritische Situation" häufig die Vorstufe einer Krise. Aber warum ist das so? Dem Begriff Krise ist nicht dasselbe widerfahren wie dem Begriff Katastrophe. Entscheidend ist, dass die beschriebene Verengung auf das rein Negative, das unumstößliche Unglück ausblieb. Außerdem bietet die Krise einen deutlich größeren Handlungsspielraum für die Beteiligten als die Katastrophe: ihr fehlt gewissermaßen die fatalistische Komponente. Die Krise kann bewältigt werden, die Katastrophe wird erlitten. Der Krise gehen Signale voraus, die bei kluger Deutung und beherztem Eingreifen dazu führen können, dass die Krise abgewendet wird. Der Katastrophe sehen wir ins Gesicht und sind ihren Verheerungen schutzlos ausgeliefert. Was sagt

 © Frank & Timme   Verlag für wissenschaftliche Literatur

uns diese Analyse ex tempora über unsere Welt, unsere Gesellschaft? Sind Krisen Kritiken der Vernunft, Fehlerprotokolle unsachgemäßer Nutzung der Welt?

Über Risiken

Seit jeher, siehe Kassandra, versuchte man Krisen vorherzusehen. Die Zeichen zu erkennen und zu deuten. Es waren besondere Menschen, die das taten. Aber es waren andere Menschen, die aufgrund von Erkenntnis und Deutung handelten. Wobei wir bei den Risiken wären. Krisen haben mit Risiken zu tun, mit Erwartungen, mit – Menschen. Auch wenn wir zumeist von Mitteln, Instrumenten, Prozessen oder Organisationsformen sprechen, mit denen wir Risiken begegnen, so steht doch im Mittelpunkt des Risikos der Mensch. Der Mensch, der Risiken meidet oder eingeht, der risikoaffin ist oder Risiken scheut, der Risiken für notwendig, kreativ oder gar anregend empfindet oder als unnötig, vermeidbar oder beängstigend. Je nachdem, wie ein Mensch Risiken beurteilt und empfindet, wird sein Verhalten ausfallen: mutig, ängstlich, zögerlich, forsch, bedenkenlos oder aggressiv. Er wird es nicht für nötig erachten, auf Zeichen, auf Signale zu achten, die eine kommende Krise andeuten könnten – oder er wird obsessiv jedes kleinste Zeichen intensiv durchleuchten, um einen ersten Hinweis für eine kommende Krise zu entdecken. Und da – aus dieser Perspektive – der Bedeutung menschlichen Verhaltens in Bezug auf Risiken und Krisen eine besondere Schwere zukommt, kommt auch der Kommunikation eine besondere Rolle zu. Vom ersten Zeichenlesen über die Suche nach einer Bedeutung, über Prognosen, Warnungen bis zu Verhaltensanweisungen und Erklärungen steht Kommunikation im Zentrum der Krisenbewältigung. Krisenkommunikation ist eine hohe und seltene Kunst. Und möglicherweise ein schwindende. Das „Edelman Trust

Barometer" von 2022 zeigt, dass beispielsweise eine große Mehrheit der Menschen sich wünscht, dass die Entscheider in Unternehmen sich weit stärker an allgemeinen Debatten beteiligen, „offensiver und dialogfähiger im öffentlichen Raum werden" sollten. Das Gegenteil ist der Fall! Ob nun aus juristischen oder Gründen der Compliance, ob aus Kalkül oder Meinungsschwäche, der Mut zur öffentlichen Haltung, die Kraft zum aktiven Agenda-Setting gerade in der Krise geht verloren. Die Multi-Krise dient dabei als willkommene Entschuldigung, sie überfordere und nivelliere. (Krisen-)Kommunikation verliert ihr Gesicht und wird als Krisen-Bingo zynisch marginalisiert und in Talkshows und öffentlichen Fake-Debatten instrumentalisiert. Aber wäre nicht der exakt entgegengesetzte Impuls angebracht?

Eine Welt ohne Krisen

Kann es eine krisenlose Welt geben? Und wäre sie wünschenswert? Die Antwort hängt davon ab, welche Einstellung wir zu dem haben, was wir als Krise verstehen bzw. was wir als Krise erleben. Die folgenden Miniaturen sind von 2020 bis 2023 entstanden. Zum Zeitpunkt ihrer Entstehung waren die wiederkehrenden Themen, um die sie kreisen, tagesaktuelle „Issues". Im Rückblick sind sie mehr. Man erkennt blassrote Fäden, Kreisbewegungen, Wendepunkte. So wie es die Antike ursprünglich im Sinn hatte: Peripetien der jüngsten Geschichte, die zum Guten oder Schlechten weitertreiben. Welche langfristigen positiven Effekte, abseits der vielfältigen Verluste an Leben und Long-Covid-Tragödien, mag die Pandemie noch zeitigen? Welche Veränderungen der Weltordnungen, der ökologischen Fortschritte und globalen Allianzen mag der grausame russische Angriffskrieg gegen die Ukraine noch bewirken? Wenn Geschichte, nüchtern betrachtet, eines zeigt, dann ist es Linearität. Wer sagt, dass Geschichte sich wiederhole, missversteht

© Frank & Timme   Verlag für wissenschaftliche Literatur

ihre gnadenlose Unbelehrbarkeit, ihre unerschöpfliche Varianz. Es ist nicht die Geschichte, die sich wiederholt, es sind die Geschichten. Und es sind nicht die Krisen, die wiederkehren, sondern die vermeintlich frühe oder späte Erkenntnis ihrer Ankunft, ihre immer wieder neue Akzeptanz oder Negierung. Der Mensch ist das Licht, in dem sich die Krisen baden. Ob sie sich in ihm eines Tages auflösen werden, mag bezweifelt werden.

2   Metaversum und Mettwurst

> Was immer es sei, ich fürchte die Danaer, auch wenn
> sie Geschenke bringen.
>
> *Vergil*

Freuen Sie sich auch schon auf ihre Zukunft als Avatar? Sind Sie auch diese altbackene, langweilige Realität leid und wünschen sich ein neues Leben? Leben Sie noch – oder wohnen Sie schon in einem Metaversum? Glauben Sie immer noch, dass Menschen nur *ein* Leben leben, nur *eine* Person sein können? Wie retro! Seien Sie, wer sie sein wollen! Und nicht nur in ihren Träumen, sondern mit allem, was dazu gehört. Das Zauberwort ist „Immersion", was im Zusammenhang mit dem Metaversum bedeutet, dass wir in eine virtuelle Welt eintauchen und die Grenzen von dieser zur realen Welt nicht mehr wahrnehmen. Unsere sinnliche Wahrnehmung, die sich in Bezug auf das Internet noch auf ein wenig Haptik beim Tastendrücken, ansonsten aber auf Sehen und Hören beschränkt, wird radikal erweitert (augmented) zu einer ganzheitlichen quasi-körperlichen Simulation. Kommunikation kann endlich das sein, was sie in der Wirklichkeit auch ist: eine Synthese aller menschlichen Wahrnehmungs- und Ausdrucksmöglichkeiten – und nicht ein beschränktes Mailen, Chatten oder Videospielen. Und die Fans des Metaversums hoffen, dass so das soziale und digitale Leben zu einer Einheit wird.

Qui bono?

Das Metaversum ist momentan eines der großen Buzzwords – und natürlich sagen einige, dass sein Hype schon wieder vorbei ist. Dagegen sprechen einige Fakten: 2021 benannte Mark Zuckerberg sein Unternehmen *Facebook* in *Meta Platforms* um. Er kündigte an, ein plattformübergreifendes offenes Metaversum aufbauen zu wollen. Zahlreiche große und kleine Unternehmen haben seitdem ihre Geschäftsaktivitäten auf diese Vision hin ausgerichtet. Laut des Bundesverbands Digitale Wirtschaft (BVDW) planen ein Drittel aller deutschen Unternehmen Investitionen in das industrielle Metaversum. Auf der Consumer Electronics Show (CES) in Las Vegas wurde 2022 das Metaversum als „wichtigster Zukunftstrend" bezeichnet. Christiano Amon, Geschäftsführer des Chipkonzerns *Qualcomm*, sagte voraus, dass jeder Nutzer demnächst einen „digitalen Zwilling" haben werde. Die Agentur *Jung von Matt* etwa machte mit der Gründung von „Alfr3d" (der Name bezieht sich auf Batmans Butler Alfred) auf sich aufmerksam, ein Spinoff, der sich ausschließlich mit dem Metaversum beschäftigen soll. Und last but not least Emmanuel Macron: Der französische Präsident lancierte eine Initiative, die das Ziel hat, ein „europäisches Metaversum" zu schaffen – natürlich in Konkurrenz zu den etablierten Tech-Riesen aus den USA und Asien. Auf Grundlage einer Bürgerbefragung will die französische Regierung „die Entwicklung einer Wirtschaftsstrategie für virtuelle Universen" erarbeiten. Für Wirtschaftsminister Jean-Noël Barrot eine Notwendigkeit, „um unsere technologische, wirtschaftliche und kulturelle Souveränität" zu bewahren.

Das Metaversum ist ein digitaler Raum, eine virtuelle Welt. Das Kofferwort (das griechische „Meta" bedeutet „jenseits" plus das Kürzel von Universum) wurde 1992 von Neal Stephenson in seinem Science-Fiction-Roman *Snow Crash* eingeführt. Der Roman beschreibt das reale Leben seines Helden in Los Angeles sowie parallel dessen Leben als

© Frank & Timme   Verlag für wissenschaftliche Literatur

Avatar im Metaversum. Der Avatar, das Alter Ego der Romanfigur, ist hier bereits fester Bestandteil der Geschichte. Und bis heute steht das Wort für Selbstbewusstsein und Selbstverständnis der Branche: Avatare sind in der indischen Mythologie die Aktionskörper der Götter auf Erden.

Kleine Hürden

Ian Hambleton, CEO des britischen Spieleentwicklers *Maze Theory*, ist der Meinung, dass die Pandemie das Interesse und die Investitionen in das Metaversum beschleunigt hat; nicht nur die Zeit, die in den virtuellen Welten der Spiele verbracht wird, ist gestiegen, sondern auch das Bedürfnis nach Möglichkeiten, sich online mit anderen Menschen zu verbinden, vor allem mit der Zunahme der Telearbeit. Dagegen sieht Strauss Zelnick, CEO von *Take Two* aus derselben Branche, den Begriff Metaversum als „Modewort". Wer hat recht? Immerhin könnte man sich an den berühmten Newsweek-Artikel von 1995 erinnern, in dem das Internet als „bloße Modeerscheinung" bezeichnet wurde; ähnlich erging es den Social Media oder Mobile Computing.

Tatsache ist, dass aktuell einer glaubwürdigen Immersion für alle noch die Hardware im Weg steht: Virtual Reality-Headsets sind teuer, zumeist von minderer Qualität und nicht ausreichend mobil. In Steven Spielbergs Film „Ready Player One", der von einer dystopischen Metaversum-Gesellschaft handelt, trägt der Held neben der VR-Brille einen Ganzkörperanzug. Und wer will den ständig tragen? Zudem ist die VR-Praxis sehr gewöhnungsbedürftig – je nachdem, ob mit Wii-Fernbedienung, Joystick oder Fußpedal, Smartphone oder Laptop. Das Lesen eines Buches oder Ansehen eines Films ist dagegen sensorisch immer gleich. Nicht zufällig stammt das mit Abstand erfolgreichste Metaversum mit über 70 Millionen registrierten Nutzern,

Second Life, aus dem Jahr 2003! Von anderen virtuellen Problemzonen wie Datenschutz, vermuteter Realitätsflucht oder Cyber-Kriminalität ganz zu schweigen. Aber natürlich gibt es auch die frohen Botschaften, etwa für die Kinobranche, die sich durch das Metaversum eine erfolgreiche Weiterentwicklung des Effektkinos (z. B. 4DX) und einen Weg aus der Krise verspricht. Und in der Film- und Streaming-Branche ist der Trend sowieso schon angekommen, erste Serien, wie Disneys „Der Mandalorianer" benutzen virtuelle Realität bei der Erstellung der Sets für die Bühnentechnik. Bleibt abzuwarten, wie großflächig das wirkt.

Die richtige Vision?

„Geh zum Arzt" hat Altkanzler Helmut Schmidt geraten, wenn jemand eine Vision hatte. Vielleicht ist das typisch deutsch. Wenn in den USA J. F. Kennedy die Vision des „man on the moon" verkündet, dann verändert sich ein ganzes Land – und langfristig die ganze Welt. Irgendwo dazwischen liegt der visionäre Alltag. Was ist unsere Vision heute? Dass es unseren Kindern einmal besser geht? Generationen sind mit dieser Vorstellung aufgewachsen. Visionen sind sinnliche Erfahrungen, Erscheinungen – wie der Engel, der Josef erscheint, vor Herodes warnt und zur Flucht nach Ägypten rät – oder in der überaus vernünftigen Moderne Ideen, deren sinnlichen Vorgeschmack es bereits zu testen gibt. Momentan stehen Tech-Visionäre hoch im Kurs, schwerreiche Ideengeber wie Elon Musk oder Jeff Bezos. Deren Visionen haben schon einen realen, sinnlich erfahrbaren Grundstein gelegt: Tesla fahren oder bei Amazon shoppen. Die beiden haben einen Ausschnitt der Gesellschaft von morgen gesehen und unseren Alltag tatsächlich ein Stück weit verändert. Die Frage ist: Sind das wirklich Visionen, die die Gesellschaft, die Welt verändern? Und was sollte eine solche Vision können? Geht es um Postwachstum, um Longtermism, also eine radikale Nachhaltigkeit,

 © Frank & Timme   Verlag für wissenschaftliche Literatur

um eine Wiederbelebung der freien Planwirtschaft oder – wer weiß – um ein Metaversum? Was wollen Menschen wirklich? Niemand wird leugnen, dass das Internet unser ganzes Leben massiv verändert hat. Könnte das Metaversum, in dem wir nicht mehr wie durch ein Fenster (durch einen Bild-Schirm) die Dinge betrachten, sondern Teil des digitalen Raums sein würden, eine ähnliche Veränderung bewirken? Oder würden die Botschaften der Engel und die politischen Visionen der Philosophen ersetzt durch die Werbebotschaften der Konzerne?

Ein Beispiel: Der Philosoph Thomas Nagel hat einmal einen Aufsatz mit dem Titel „Wie ist es, eine Fledermaus zu sein?" verfasst. Er wendet sich darin gegen die Auffassung, dass wir nur über genug Daten verfügen müssten, um sämtliche mentalen Zustände erleben zu können. Nein, sagt Nagel dagegen, egal wie viel wir über eine Fledermaus wissen, wir werden nie die Welt erleben wie sie. Wir können uns in einen Fledermaus-Avatar transformieren, aber wir können niemals die Welt via Echolot erfahren. Dazu fehlt uns das nicht-menschliche Sensorium. Wir können uns in andere Hautfarben hineinversetzen, virtuell Operationen durchführen, Gewaltakte begehen oder erleiden – aber wir werden niemals die Grenzen unserer menschlichen Perzeption überwinden. Zum Glück, möglicherweise.

Ein anderes Beispiel: Simon Kofe ist Außenminster des Inselstaats Tuvalu. Letztes Jahr kündigte er an, dass Tuvalu die erste „digitale Nation" werden wolle. Der Plan hat einen dramatischen Hintergrund: Der Inselstaat liegt bestenfalls fünf Meter über dem Meeresspiegel, der, wie wir wissen, permanent ansteigt. Den Staat in eine virtuelle Welt (ein Metaversum) zu übertragen, sieht Kofe als einzige Chance, die Anerkennung der nationalstaatlichen Rechte langfristig zu gewährleisten. Nun, weltpolitisch mag die Idee kein großes Gewicht besitzen, sie zeigt aber, welche vielfältigen Auswirkungen die Vorstellung von Metaversen haben kann.

Internet, Metaversum?

Die Meinungen und Berichterstattung über das Thema Metaversum könnten widersprüchlicher nicht sein. Gleichwohl oder gerade deswegen weckt es große Hoffnungen, und es wird viel Geld investiert. Möglicherweise ist es hilfreich, Folgendes zu bedenken: Unsere abendländische Geistesgeschichte ist nicht in geringem Maße geprägt durch Platons Geschichte vom Höhlengleichnis. Im Kern geht es darum, dass unsere materielle Welt, unser Alltag mit all seinen Unvollkommenheiten und Enttäuschungen, nicht die wahre Welt ist. Es gibt, so Platon, eine andere, vollkommene Welt, eine Ideenwelt, in der all das besser und schöner ist, als das, was wir täglich ertragen. Diese Vorstellung, sei es im religiösen Sinne, als Utopie oder als romantische Fiktion, ist eine der mächtigsten Ideen der Geschichte. Und heute stellt vielleicht das Metaversum die aktuelle Version dieser Ideenwelt dar – allerdings nicht mit der platonischen Intention, die schnöde Realität besser zu machen, sondern die Realität besser verkaufen zu können. Das Metaversum als Marketing-Kampagne für das Internet? Es könnte sich also so verhalten wie in der Lebensmittelindustrie, etwa bei der Mettwurst. Die Zubereitung einer Mettwurst gleicht der Zubereitung einer Salami: Sie wird aus Rind- und Schweinefleisch hergestellt, das bis zum Gefrierpunkt gekühlt, zerkleinert und – für die rote Farbe – mit Paprika gewürzt wird. Anschließend füllt man die Rohmasse in grobe Därme. Zudem gehen Mettwurst und Salami beide auf das lateinische „Mattea" zurück. Allerdings gibt es die Mettwurst viel länger, dafür ist die Salami weit teurer und erfolgreicher. Die Mettwurst ist für den Eintopf, die Salami für die Feinkosttheke. Sie verstehen?

© Frank & Timme   Verlag für wissenschaftliche Literatur

3 Blinde Flecken und Blasenschwäche

Nichts ist trügerischer als eine offenkundige Tatsache.

Sherlock Holmes

1956 schreibt Roland Barthes sein Buch „Mythologies" zuende. Es geht um Alltagsmythen der französischen Gesellschaft, um die Semiotik blinder Flecken: Themen und Phänomene, die in ihrer komplexen Bedeutung und Wirkung unkommentiert, unhinterfragt und ungelöst existieren. Unter ihnen führt Barthes etwa den Citroen DS 19 an, die Tour de France und das Beefsteak. Er will die Prozesse der Mythisierung sichtbar machen, die sozialen und symbolischen Funktionen, die eingelagerten Narrative, die ideologischen und semiologischen Sinnebenen aufzeigen. Die Analysen sind brillant und originell. Doch am Ende des Buches schreibt der Autor: „Unaufhörlich gleiten wir zwischen dem Objekt und seiner Entmystifizierung hin und her, außerstande, es in seiner Totalität wiederzugeben. Denn wenn wir das Objekt durchdringen, so befreien wir es, zerstören es aber auch." Wie können wir mit blinden Flecken umgehen, ohne durch ihre Offenlegung Schaden anzurichten? Oder sollten wir die Hunde erst gar nicht wecken?

Toter Winkel

In jedem menschlichen Auge gibt es einen natürlichen blinden Fleck, eine winzige Stelle ohne Fotorezeptoren, die mit der Position des Sehnervs auf der Netzhaut korrespondiert. Wenn beide Augen geöffnet sind, heben sie die blinden Flecken des jeweils anderen auf. Aber selbst wenn ein Auge geschlossen ist, kann der blinde Fleck subjektiv schwer zu erkennen sein, da das Gehirn in der Lage ist, den fehlenden Teil des Bildes auszufüllen oder zu übersehen. Jeder Mensch, jede Organisation, jede Gesellschaft hat blinde Flecken, tote Winkel, unbewusste Tabus. Manche von ihnen sind nützlich, sie können den sozialen Frieden stärken, andere sind Firmenpolitik, die mehr Durchsetzungskraft am Markt ermöglichen, noch andere persönliche Obsessionen, die vom richtigen Partner als charmant und liebenswert empfunden werden. Allen gemein ist, dass sie eine Lücke, einen Riss in der Persönlichkeit eines Menschen, einer Organisation oder einer Gesellschaft markieren: sei es etwa bei der Partnerwahl, sei es bei der Servicementalität, sei es beim Umgang mit bestimmten Teilen der Bevölkerung.

Niklas Luhmann hat zu diesem Thema den Begriff Beobachtungslatenz (Latenz = das Verborgene) geprägt: etwas, das wir nicht wahrnehmen - beispielsweise uns selbst in der Rolle des Beobachters! Luhmann hat auch als erster das Phänomen über die Persönlichkeitspsychologie hinaus auf Organisationen ausgeweitet. Damit erklärt er etwa, warum blinde Flecken bei Personalwechseln nicht verschwinden. Ein Beispiel ist Nokia, ein Unternehmen, das – trotz diverser Managementwechsel – hartnäckig solange an einem extrem erfolgreichen Produkt (Handy) festhielt, bis die Marktveränderungen zu einem blinden Fleck wurden. Ein anderes Beispiel wäre Siemens und seine Faxgeräte. Die Beobachtungen sind übrigens einer Organisation durchaus bekannt, man spricht nur nicht darüber! Sie sind tabu. Für die Mitarbeiter und Führungskräfte ist das eine schwierige Situation: sie neurotisiert und fördert die Kluft von Offiziellem und Inoffiziellem. Das kostet Ressourcen und – Nerven! Wie aber kann man solche Latenzen aufdecken? Blinde Flecken können per se nur aus einem anderen Blickwinkel, also einer von „außen" kommenden Perspektive wahrgenommen werden. Und die

© Frank & Timme   Verlag für wissenschaftliche Literatur

„Aufdeckung" führt ohne Außenperspektive zumeist dazu, dass man den blinden Fleck negiert, in den Organisationsmythos eingliedert und so „aus der Welt schafft". Die Beobachtungslatenz wird zu einer Kommunikationslatenz! Deswegen ist größte Sensibilität beim Ansprechen von Latenzen das oberste Gebot, beispielsweise durch den Einsatz von Simulationen (*business wargames*), in denen spielerisch, etwa mit den Mitteln des Theaters, der blinde Fleck sichtbar gemacht werden kann.

Vorsorge

Unternehmenskulturelle Vorsorgeuntersuchungen erfreuen sich ähnlicher Beliebtheit wie Urologentermine bei Männern in den fünfziger Jahren. Zu beiden ist aber zu raten. Auch wenn wir uns wünschen, dass sowohl der menschliche Körper als auch der Torso eines Unternehmens inklusive Geschäftsmodell und Strategie ewig funktionieren, wissen wir natürlich, dass dem nicht so ist. Also: Vorsorge! Ähnlich wie bei einer altersbedingten Blasenschwäche ist auch das Bindegewebe einer Organisation Abnutzungsprozessen ausgesetzt. Und ähnlich einer Intervention durch Medikamente oder veränderten Lebenswandel kann eine Organisation durch geeignete Mittel hier gegensteuern, quasi Inkontinenz vermeiden. Die Hürde besteht nicht in der Intervention selbst, sondern in deren Anerkennung und Initiierung. Blinde Flecken erzeugen Blasenschwäche, das Verharren in der Blase lässt die Latenzen wuchern und die Selbstheilungskräfte verkümmern. Die Frage ist, für welche präventive Methode man sich entscheidet.

Ein minimalinvasives Instrument ist das sogenannte Johari-Fenster. Gemeint ist ein Verfahren der Verhaltenspsychologie, das in den 50er Jahren des 20. Jahrhunderts von den US-Forschern Joseph Luft und Harry Ingham entwickelt wurde (deren Vornamen für den Begriff herhielten). Es geht im Kern um den Unterschied von Selbst- und Fremdwahrnehmung, in Bezug auf die eigene Person oder in Gruppen. Mit dem Johari-Fenster können öffentliche, bewusste, geheime oder eben blinde Bestandteile einer Persönlichkeit oder Organisation sichtbar gemacht werden. Die Forscher gehen dabei vom Bild des Eisbergs aus, mit dem man Menschen, aber auch Organisationen oder Gesellschaften beschreiben kann: der deutlich größere Teil einer Persönlichkeit ist unsichtbar. Mit Hilfe des Instruments des Johari-Fensters kann man diese unsichtbaren Teile der Persönlichkeit sichtbar machen.

Resonanz

Einen anderen spannenden Ansatz bietet die Resonanztheorie, etwa des Soziologen Hartmut Rosa. Der Begriff „Resonanz" wird der Physik entlehnt, wo er eine Subjekt-Objekt-Beziehung beschreibt, in der beide Seiten in einem „schwingenden System" sich wechselseitig anregen. Auf Beziehungen oder Kulturen übertragen agieren diese Seiten allerdings autonom, ja erst ihre Resonanzen konstituieren die Beziehung oder Kultur. Rosa unterscheidet dabei horizontale Resonanzen wie Liebes- oder Familienbeziehungen, diagonale Resonanzen zu Dingen oder Tätigkeiten und vertikale Resonanzen zu einem kollektiven Gegenüber wie der Natur, der Kunst oder der Gesellschaft. Sie alle ermöglichen intensiven Austausch, gegenseitige Lernprozesse und produktive Bindungen. Dagegen stellt die Theorie solche Resonanzen, die stumm, auf Beherrschung und Instrumentalisierung ausgerichtet sind, in denen es primär um Ziele und nur am Rande um die wechselseitige Anregung geht. Hintergrund der Resonanztheorie ist eine aus der Kritischen Theorie stammende Ablehnung der Wachstums-Gesellschaft und ein Votum für eine Postwachstums-Gesellschaft. Man könnte sagen, die Theorie beschäftigt sich im Kern mit der Frage, ob gesellschaftliche Bedingungen und Systeme, Beziehungsmodelle oder auch Unternehmenskulturen positive, gelingende Beziehungen eher fördern oder behindern. Für Rosa verspricht die Moderne, etwa durch gerechtere politische Rahmenbedingungen oder durch ein Minimieren von Ressourcenmangel, eben diese positive Resonanz großflächig zu ermöglichen. Unstreitig ist, dass die Resonanz niemals als Dauerzustand möglich ist, sondern sich bestenfalls als Kreation des Augenblicks, als punktuelle Koinzidenz einstellt. Doch bereits diese Erfahrungen ermöglichen ein fortgesetztes Streben nach außergewöhnlichen Resonanzerfahrungen. Nicht zuletzt Unternehmen können das Instrumentarium der Resonanztheorie für die Weiterentwicklung ihrer Unternehmenskultur nutzen.

Osteogenesis imperfecta

Zurück zu Roland Barthes. Ein oft interpretierter Mythos behandelt das Wrestling: „Dem Publikum ist völlig egal, ob beim Kampf getrickst wird oder nicht, und es hat Recht", schreibt Barthes. „Wichtig ist ihm nicht, was es glaubt, sondern was es sieht." Das ist kein Plädoyer für die moderne Fake-Kultur, sondern eine exakte Beschreibung des mythischen Narrativs des Wrestlings, bei dem die „Show" zur Wahrheit wird, weil sie zur unausgesprochenen aber allseits bekannten Funktion gehört. Was wäre die Finanzindustrie ohne den Glauben an die wundersame Geldvermehrung? Was die Fifa ohne die Idee vom Völker verbindenden Fußball? Und was die USA ohne den amerikanischen Traum? Nicht der Mythos ist das Problem, der blinde Fleck, sondern seine Erstarrung, seine Besitzstandswahrung und Alternativlosigkeit. Was wäre, wenn es nicht nur blinde Flecken gäbe, sondern auch supersichtbare Flecken, die nicht etwas verbergen, sondern mit denen Dinge sichtbar gemacht, entdeckt werden können?

Es gibt die Geschichte von Elijah Price und David Dunn, die vom indischen Drehbuchautor M. Night Shyamalan stammt. Elijah leidet an der Osteogenesis imperfecta, an der Glasknochen-Krankheit, die ihm schon als Kind die Teilnahme an einem normalen Leben unmöglich macht. Eines Tages schenkt seine Mutter ihm ein Comicheft, durch das er in die Welt der Superhelden eingeführt wird. Er entwickelt sich zu einem leidenschaftlichen Comic-Sammler und zu einem Menschen, für den die Idee des Superhelden eine reale Leitlinie seines Lebens wird. Er, der praktisch nichts von dem tun kann, das andere Menschen wie selbstverständlich tun, begeistert sich für die Vorstellung, dass es Menschen geben müsse, die weit mehr tun können als die normalen: eben die Superhelden. In der Person des Sicherheitsbeamten David Dunn meint Elijah einen solchen Superhelden gefunden zu haben. Er versucht, David zu animieren, dessen verborgene Superkräfte zu entdecken und einzusetzen. Hier sei die Geschichte von Elijah und David zu ende. Der Fokus kehrt zurück zu der Idee, dass es (den Gedanken findet man auch in der Kompensationstheorie) für ein Phänomen, das wir als Mangel empfinden, durchaus eine Möglichkeit geben kann, es als Vorteil und Chance zu nutzen. Und letztlich gäbe es somit drei Ansätze: blinde Flecken zu ignorieren, sie mit Hilfe geeigneter Methoden aufzudecken und schließlich sie in supersichtbare Flecken zu verwandeln, die uns einen Weg aus den Blasen dieser Welt weisen.

 © Frank & Timme   Verlag für wissenschaftliche Literatur

4 Agilität, Flamenco und etwas Kleist

Nur wer sein Ziel kennt, findet den Weg.

Lao Tse

Schnell ist die Welt und voller Varianten, Winkelzüge und Überraschungen. Da kommt eine Idee gerade recht, die wie Lucky Luke schneller ist als der Schatten ihrer eigenen Strategie. Ist agiles Arbeiten wie Flamenco? Und war Kleist ein Vordenker der agilen Arbeitswelt? Einer der letzten Texte Heinrich von Kleists trägt den bemerkenswerten Titel „Über die allmähliche Verfertigung der Gedanken beim Reden." Es ist einer jener Titel, die man nicht mehr vergisst und die uns zahllose Assoziationen bescheren. Bemerkenswert ist auch, dass Kleist nicht etwa das allmähliche Verfertigen kritisiert und stattdessen eine planvolle, durchdachte, diszipliniert vorgetragene Rede einfordert. Im Gegenteil: Für ihn ist das allmähliche Verfertigen die höchste Form der Redekunst. Im Gegensatz dazu steht eine Haltung, die anstrebt „von nichts zu sprechen, als nur von Dingen, die du bereits verstehst." In gewissem Sinne formuliert Kleist also eine Innovationstheorie.

Der Gedanke geht weit über das konkrete Thema hinaus, er weist auf ein Dilemma, das sowohl die menschliche Kommunikation als auch unser soziales Leben kennzeichnet. Gerade jetzt leben wir in einer Zeit, die allen Managementzielen und allen Businessplänen ihre Grenzen aufzeigt. Wer hatte Corona auf dem Zettel? Wer hätte den BREXIT oder die politische Entwicklung in den USA vorhergesagt – oder einkalkuliert? Ist das Jahr 2020 nicht wie eine Rede, die permanent umgeschrieben werden muss? Bereits 2001 liest man im Agilen Manifest: „Reagieren auf Veränderung ist wichtiger als das Befolgen eines Plans." Und auch hier geht die Bedeutung des Satzes weit über sein IT-Umfeld hinaus. Er spricht eine fundamentale Frage an, die nicht nur in der Wirtschaft, sondern im Leben allgemein Bedeutung hat: Konzentrieren wir uns auf die Dinge, „die wir bereits verstehen", oder ist die Maxime unseres Handelns durch das „Reagieren auf Veränderung" geprägt?

Agilität

Das Konzept der Agilität gibt es seit den 1950er-Jahren in der Systemtheorie von Organisationen. Der amerikanische Soziologe Talcott Parsons etwa identifizierte vier Funktionen, die jedes System erfüllen muss, um seine Existenz zu erhalten. Er beschreibt mit diesen Funktionen die Fähigkeit eines Systems, auf die sich verändernden äußeren Bedingungen zu reagieren, Ziele zu definieren und zu verfolgen sowie Integrität und Stabilität zu erreichen. Daraus ergibt sich das bekannte AGIL-Schema. Allerdings wurde das Konzept erst in den letzten zehn Jahren einer breiteren Öffentlichkeit (vor allem in Unternehmen) bekannt. Woran liegt das?

Die VUCA-Welt (Komplexität, Volatilität, Unsicherheit, Mehrdeutigkeit), die von einer immer höheren Innovationsgeschwindigkeit gekennzeichnet ist, motiviert zu einer Strategie, die es möglichst gut schafft, mit dieser Welt umzugehen und sich den Achterbahnen von Markt, Arbeit und Gesellschaft anzupassen. Be prepared! Die agile Arbeitsweise scheint eine Lösung für diese Herausforderungen zu bieten. Zwei Beispiele: Die auf Langfristigkeit und Kohärenz angelegte klassische Projektarchitektur wird ersetzt durch eine flexible und fluktuierende Sprintabfolge (ähnlich den Levels eines Spiels), in welcher die erhöhte Innovationsgeschwindigkeit kompensiert werden soll. Zugleich

 © Frank & Timme   Verlag für wissenschaftliche Literatur

bietet das überschaubare Scrum-Casting - Product Owner, Scrum Master, wenige Teammitglieder – die Möglichkeit, Funktionen, Aufgaben und Themen schnell zu rotieren. Voraussetzung dafür ist allerdings die Akzeptanz der agilen Zielerfassung und des Mindsets, der idealerweise mit dem Wertekanon der Organisation kompatibel ist. So zeigt beispielsweise eine Studie der BITKOM zum Thema „Arbeit 3.0", dass zwar eine klare Mehrheit gerne Ideen und Informationen mit Kollegen teilt und findet, dies führe zu besseren Ergebnissen; zugleich befürchten zwei Drittel der Beschäftigten, dass das Teilen von Ideen und Wissen zum Profit anderer führt und man selbst leer ausgeht. Das Vermeiden von Hierarchien in der SCRUM-Welt ist demnach ambivalent. Die Situation erinnert an ein Grunddilemma der Krisenkommunikation, die auf das Teilen kritischer Informationen aufbaut. Auch hier führt erfahrungsgemäß der Disput zwischen Eigen- und Gemeininteresse zu Schwierigkeiten bei der Krisenbewältigung.

Be Flamenco

Eine interessante Analogie findet sich in der Kunstform des Flamenco. In Sevilla ist der Flamenco zuhause. Ganz besonders in den kleinen Bodegas, etwa dem *Camacho*, eine alte Tapasbar mit blauen Wänden und unbequemen Stühlen im Stadtteil Macarena. Kurz bevor oder nachdem die Bodega schließt, setzt sich der Wirt zu den verbliebenen Gästen und lässt sich eine Gitarre geben: Er spielt, er springt auf und tanzt, er singt mit tiefer Stimme das typische langgezogene Flamenco-Portamente und überlässt dann wieder anderen die „Bühne". Dieses Wechselspiel zwischen Cante (Gesang), Toque (Gitarrenspiel) und Baile (Tanz) ist seit Mitte des 19. Jahrhunderts unverwechselbar. Es gibt keine Hierarchie der Kunstformen, keinen Leadsänger oder Dirigenten. Der Flamenco funktioniert wie die Improvisation beim Jazz, es gibt kein „Drehbuch", keinen Plan, es gibt nur das vom Augenblick inspirierte Spiel. Was nicht bedeutet, dass der Flamenco voraussetzungslos ist (etwa die Beherrschung des Instruments, die Kraft der Stimme, die Virtuosität der Tänzer). Die Kunstfertigkeit des namenlosen Wirts im *Camacho* ist für den faszinierten Gast außergewöhnlich. Eine ältere Dame steht auf und vollführt Schrittfolgen, die artistisch anmuten, ein junger Mann übernimmt die Gitarre und zaubert halsbrecherische Melodien in den kleinen Raum. Ein Gast ruft den beiden etwas zu und stante pede verändert sich die Darbietung.

Das alles mutet an wie eine Blaupause für das agile Arbeiten. Noch deutlicher wird das, wenn man sich die „Methodik" des Flamenco ansieht. Hier unterscheidet man verschiedene *Palos*, Varianten dieser Kunst. Es gibt über fünfzig Variationen, die manchmal nur Gesang, manchmal Gitarre und Gesang, manchmal auch reinen Tanz beinhalten. Einige werden traditionell nur von Männern vorgetragen, andere sind an den kulturellen und klanglichen Einflüssen der Musik zu erkennen. Dadurch kommt es, wie in den agilen Sprintabfolgen, zu einer permanenten Neuausrichtung der Handlung, zugleich wird der Rahmen der Kunstform, ihr „Mindset", beibehalten. Auch die Rolle des Publikums ist vergleichbar der Rolle des Kunden im agilen Workflow; der eine beeinflusst durch Zuruf die Performance, der andere treibt den agilen Innovationsprozess mit. Kann man aber auch den roten Faden einer 150 Jahre alten Tradition vergleichen mit den agilen Diffusionen in einem Unternehmen? Oder kaschiert die schnelle und endlose Schrittfolge der Sprints nur das Fehlen eines solchen Fadens? Ist die Dekonstruktion der Hierarchie nicht vielmehr eine Flucht vor der notwendigen Fiktion der Führung?

Der amerikanische Psychologe Karl E. Weick hat folgende Geschichte erzählt: Eine Gruppe von Personen geriet in den Alpen in dichtes Schneetreiben, verlor jede Orientierung und verlief sich. In ausweisloser Lage entdeckte eine dieser Personen einen Teil einer Landkarte in ihrem

Rucksack. Die Gruppe entschied, sich an dieser Karte zu orientieren und fand mit ihr den Weg zurück. Im Nachhinein stellte sich heraus, dass es sich um die Karte der Pyrenäen gehandelt hatte. Weicks Kommentar: „Das Fiktive wird also als solches immer unterstellt. Kinder etwa sind Großmeister der Fiktion, so wie das kleine Mädchen, das mir auf dem Spielplatz eine Portion Sand als Eis anbietet, worauf ich mit Genießermiene so tue, als ob diese beiden Sandkugeln der Gipfel des Eisgenusses wären. Nach einiger Zeit wird das Mädchen ungeduldig, möchte das Förmchen neu füllen. Sie gibt mir zu verstehen, dass ich den Inhalt ausleeren solle. Ich erwidere, dass ich dieses wunderbare Eis doch nicht einfach ausschütten könne, worauf sie sagt: Ist doch nur Sand."

Personalisiertes Narrativ

Was könnte der rote Faden der hier angeführten Beispiele sein? Kleists Lob der extemporierten Rede, die er wohl nur außergewöhnlichen Menschen (Voltaire oder Mirabeau) zutraut, setzt auf die Stärke der Persönlichkeit, die als Surrogat des üblichen Narrativs agiert. Das agile Level-Stakkato kommt in den meisten Organisationen ebenfalls nicht ohne eine sinnstiftende personale Struktur aus, die der hierarchie-, aber auch repräsentationsfreien neuen Arbeitswelt unter die Arme greift. Und der Reigen der Flamencokunst baut auf eine immer wieder variierte Tradition, die sich der Ambiguität der postmodernen Welt entgegenstemmt. An diesem Punkt scheinen sich die libertären Ideen des „Arbeitens 3.0" mit den traditionellen heroischen Führungsidealen zu verbinden.

In den letzten vier Jahren hat die Welt an einem beispiellosen Experiment (freiwillig!) teilgenommen, das Heinrich von Kleist sehr gefallen hätte. Für ihn waren Interaktion und Kommunikation immer Prozesse, in denen man sich durchsetzen muss, in denen man andere „niederwerfen" muss. Alles scheint eine Frage der Kraft und der Taktik. Es gibt Sieger und Besiegte, Gegner und Hilfstruppen. Wie sehr offenbar diese Weltsicht auf Zustimmung stößt, hat der amerikanische Präsident Donald Trump beeindruckend gezeigt: 27 Millionen Follower auf Twitter, selbst Popstars müssen da vor Neid erblassen. Sein Redestil ist stark assoziativ, er hält sich selten an ausgearbeitete Manuskripte, denn sein oberstes Prinzip lautet: Ich habe die Kontrolle über das Narrativ der amerikanischen Realität, und es ist kein Ereignis denkbar, das dieses Narrativ durchbrechen könnte. Und unabhängig von der Qualität seiner Präsidentschaft muss man sagen, dass kein Politiker vor ihm eine solche globale und beständige Medienpräsenz erreichte wie er. Präsenz für sich mag nichts über Qualität aussagen, aber Qualität ohne Präsenz ist ebenso wenig erstrebenswert. In unserem Zusammenhang soll nur der Befund zählen, dass Trumps absolutistisches Narrativ nicht zuletzt deswegen funktionierte, weil er sich keinem tradierten, „fremden" Plan, keiner kollaborativen, dialogischen Basis fügte, sondern mono-logisch agierte. Er ist damit der dunkle Zwilling von Kleists Vision eines freien, assoziativen Denkens und Redens.

Das erinnert an die *agile Haltung*, auch als agiles Mindset bezeichnet, welches verschiedene Verhaltensweisen der Organisationsmitglieder umfasst: wertschätzender Umgang, Begegnung auf Augenhöhe usw. Vor allem aber Flexibilität. Oder Anpassungsfähigkeit, ob nun aktiv oder reaktiv. Agilität ist hier eine besonders moderne, quasi selbstbestimmte Form der Anpassungsfähigkeit. Dies wird deutlicher, wenn man frühe Phasen von Innovationsprozessen beleuchtet. Sie sind gekennzeichnet durch eine hohe Ungewissheit bezüglich des Problem- und Lösungs-raums. Hier funktionieren agile Methoden (wie Design Thinking), die ein iteratives Vorgehen bevorzugen und die Bedürfnisse und Anforderungen z. B. von Kunden schrittweise ermitteln, sehr gut. In späteren Phasen des Innovationsprozesses, etwa bei der Einbettung in die Organisation oder beim Reputationsmanagement, sind andere Methoden

© Frank & Timme   Verlag für wissenschaftliche Literatur

erfolgreicher. Deswegen wäre die These, dass das agile Arbeiten ein personalisiertes (fiktionales) Narrativ erfordert, das zum einen gegen einen manischen Trump-Weg schützt, zum anderen die – beispielsweise beim Flamenco - stabilisierende Tradition kompensiert.

5   Fragen Sie Herrn Tur Tur!

> Was man wahr-nimmt, nimmt man für wahr. Es gibt
> ja kein Falschnehmen.
>
> *Heinz von Foerster*

Die Figur des Scheinriesen ist prädestiniert als Coach von Krisenma-
nagern. Aktuelle Themen rund um Covid-19 lassen sich mit seiner Hilfe aus ungewöhnlichem Blickwinkel betrachten. Kann die Krise eine
wichtige Funktion in Organisationen übernehmen? Wie verändere
ich erfolgreich meine Krisen-Wahrnehmung? Und – gibt es ein Tur
Tur-Management? Der deutsche Kinderbuchautor Michael Ende hat
uns in einer seiner Geschichten die wunderbare und tiefsinnige Figur
des Herrn Tur Tur geschenkt, besser bekannt als der Scheinriese. Diese
Figur aus „Jim Knopf und Lukas der Lokomotivführer" inspiriert dazu,
über fundamentale Herausforderungen von Unternehmen nachzudenken. Wir haben uns deswegen erlaubt, Herrn Tur Tur einige Fragen zu
Krisenmanagement, Covid-19 & die Zukunft zu stellen.

Überschätzen, Unterschätzen

Krisen nehmen ihren Verlauf, weil Situationen entweder unterschätzt
oder überschätzt werden. Im Fall der Corona-Pandemie wurde die
epidemische Verbreitung des SARS-CoV-2-Erregers zunächst unterschätzt. Verzögertes Management generierte zahlreiche Probleme. Aktuell erleben wir Proteste und Diskussionen, die eine Überschätzung
der Pandemie artikulieren. Auch diese Wahrnehmung generiert diverse

Probleme. In der sogenannten VUCA-Welt – das Akronym VUCA steht für „volatility" („Volatilität"), „uncertainty" („Unsicherheit"), „complexity" („Komplexität") und „ambiguity" („Mehrdeutigkeit") – ist die Fähigkeit und Bereitschaft zur Wahrnehmung auch schwacher Signale künftiger Ereignisse überlebenswichtig für Individuen und Organisationen. Der Klimawandel ist ein drastisches Beispiel, bei dem Wahrnehmungsprobleme durch Über- und Unterschätzung im Horizont einer ungewissen Zukunft die Entscheidungsfindung erschweren. Es ist für Organisationen ein großer Vorteil, eine Balance zu finden, die Zukunftsthemen so einzuordnen und zu managen hilft, dass Probleme in Folge dieser beiden extremen Wahrnehmungen vermieden werden können.

Perspektivenwechsel

Zur besseren Abbildung der Wirklichkeit erfand die Kunst die Zentralperspektive. Damit kann in einem zweidimensionalen Bild ein Raum abgebildet werden, in dem die Größe der Gegenstände proportional zur Entfernung abnimmt. Die Erfindung der Zentralperspektive markiert einen ungeheuren Fortschritt, der ausgehend von der Kunst Innovationen z. B. der Architektur oder Kartographie begünstigte und Einfluss hatte auf die soziale Struktur der neuzeitlichen Gesellschaft. Allerdings birgt diese Objektivität auch Wahrnehmungsprobleme, wird durch die Zentralperspektive doch das Entfernte immer kleiner und nur noch schwach wahrnehmbar. Die Zentralperspektive fördert so die Prokrastination, das (manchmal systematische) Aufschieben, da sie suggeriert, es sei ja noch genügend Zeit zu handeln. Die Krisenforscher Barry A. Turner und Nick F. Pidgeon fanden in den 70er Jahren anhand von 84 britischen Katastrophenfällen heraus, dass Krisen von Menschen verursacht werden, weil sie Situationen unterschätzen und nicht recht-

© Frank & Timme   Verlag für wissenschaftliche Literatur

zeitig reagieren. *Es sei auch daran erinnert, dass traditionell lieber den Überbringern schlechter Nachrichten als der drohenden Katastrophe der Garaus gemacht wird!* Für riesenhafte Probleme gibt es wenig Akzeptanz in der mit Affirmation beschäftigten Welt der Unternehmen. Wir kennen nicht das Schicksal der Autoren von Drucksache 17/12051 des Deutschen Bundestags vom 5. Januar 2013. Wir wissen aber inzwischen, dass ihre Risikoanalyse „Pandemie durch Virus Modi SARS" wohl in der Zentralperspektive übersehen wurde.

Eine sinnvolle Ergänzung der auf strikte Rationalität gegründeten Zentralperspektive wäre etwas, das man Bedeutungsperspektive nennen könnte. Hier ginge es nicht um das objektiv Machbare, das messbar Richtige, das kalkulierbar Erfolgreiche, sondern um Visionäres, scheinbar Unmögliches, den Hochrechnungen zu Folge Absurdes. Hiermit umzugehen erfordert andere Sichtweisen und Talente: Mut etwa, Selbstsicherheit und einen Blick für das Unsichtbare. Die Haltung erinnert an die Philosophie der Strukturalisten, die sich einem (Bildungs-)kanon verweigerten und stattdessen die *bricolage* favorisierten. Aus einem kleinen, scheinbar unbedeutenden Stück des „großen Ganzen" erklärte sich ihnen die Welt, mit einem scheinbar nutzlosen, wertlosen Ding baut man etwas, das die Welt rettet.

Reflexion, Proflexion

2007 beschreibt Hans Blumenberg die Entstehung von Kommunikation im Zusammenhang mit der Entwicklungsgeschichte des Menschen. Unsere Vorfahren waren aufgrund ihrer körperlichen Verletzlichkeit gezwungen, sich Feinde auf Distanz zu halten. Zunächst war die Flucht das probate Mittel. Blumenberg spricht von der *actio per distans*, so beispielsweise wenn der Mensch einen Speer fertigt und diesen auf ein Tier schleudert. Analog zu Wurfgeschossen und Fallen, die dem Menschen Raum- und Zeitgewinn ermöglichten, überbrückt Sprache die Distanz zwischen dem, was ist und dem, was sein soll. Für Blumenberg ist Sprache (Begriffe) aus der *actio per distans* entstanden. Diese Distanz verstärkt sich in der Medienepoche der Schriftlichkeit, so dass Marschall McLuhan von einem „kalten" Medium sprechen kann.

Die Folgen von Entscheidungen sind kaum unmittelbar spürbar, sondern erst in zeitlicher Distanz, dann aber höchst wahrscheinlich nicht mehr revidierbar. *Offensichtlich besteht eine Seelenverwandtschaft von Ungewissheit und Unbegrifflichkeit.* Neben die Reflexion gehört deswegen die Proflexion, die es schafft, aus einer prinzipiell ungewissen Zukunft das zu filtern, was Bedeutung gewinnen wird, die Distanz verkürzt und Nähe ermöglicht. Und um dabei erfolgreich zu sein, nutzt die Proflexion gebührende Größe und Übertreibung. Um Gewissheit zu erzeugen, wird die Unbegrifflichkeit greifbarer gemacht, auch durch Scheinriesen. Gehen wir mutig wie Lukas der Lokomotivführer den Scheinriesen entgegen und fragen sie nach ihren Namen!

Kleckern oder klotzen?

Eine zentrale Aufgabe der Marketing- und Kommunikationsabteilungen der Welt ist es, das Unternehmen größer und besser aussehen zu lassen, als es in Wahrheit ist. In dieser Hinsicht gibt es keinen (ansonsten üblichen) Dissens dieser Disziplinen. Diese legitime und einleuchtende Aufgabe reicht von der erfolgreichen Positionierung des CEO über die überlegene Qualität von Produkten und Dienstleistungen bis hin zu Sponsoring und CSR/Purpose-Management. Im Laufe der letzten 20 Jahre ist dabei allerdings ein sonderbares Dilemma aufgetreten. Auf der einen Seite versuchen Firmen alles, um sich „riesig", unverzichtbar, einzigartig darzustellen. Das macht, wie man an der Reaktion von Jim Knopf sieht, erst einmal Angst: Da ist einer mächtig, riesig, wichtig (too

© Frank & Timme   Verlag für wissenschaftliche Literatur

big to …). Auf der anderen Seite wollen Firmen Kundennähe, ja Kunden sollen gar zu Fans werden, sollen mitreden bei der Zukunftsgestaltung. Wie passt das zusammen? Ist der „Scheinriese" in Wahrheit ein netter älterer Herr „stets zu Diensten" oder entpuppt er sich als Hochstapler, der Größe nur vorgaukelt? Ist der Scheinriese ein wahrer Zwerg, ein Kommunikationsgenie, der durch seine vorgetäuschte Größe Aufmerksamkeit erregt oder ein Issues Manager, der nicht (nur) auf „weak signals" vertraut, sondern – um mit Olaf Scholz zu sprechen – klotzt?

Das rechtzeitige Erkennen und Bewältigen von Marktveränderungen gehört zu jenen unternehmerischen Aufgaben, die dem Marketing als Unternehmensfunktion zugeordnet werden. Das rechtzeitige Erkennen von Weltveränderungen, so könnte man sagen, ist die Bedingung der Möglichkeit hierfür. Verändert sich die Welt, verändern sich die Märkte. Und zwar deswegen, weil aus Großem Kleines und umgekehrt wird.

Tur Tur-Management

Schließlich haben wir Michael Endes Scheinriesen gefragt, ob es nicht so etwas wie ein Tur Tur-Management geben sollte? Bescheiden wie er nun einmal ist, hat er nicht direkt mit Ja geantwortet. Aber er stellte uns drei seiner Gedanken vor, die aus seiner Sicht bei der Beantwortung der Frage helfen könnten.

1. Es lohnt sich, nicht nur das (möglicherweise scheinbare) Ergebnis zu sehen, sondern auch die Entwicklung bzw. Geschichte, die durch eine Krise oft erst sichtbar, auf den Begriff gebracht wird. Krisen sind Reflexionswerte, sie schärfen die Selbstbeobachtung, schreibt Hans-Jürgen Arlt. Plötzlich arbeitet Bürodeutschland digital: Die ausgebrochene Krise macht die Vergangenheit zur erlebbaren Vorgeschichte. Aus

einem virulenten Thema auf dem Papier wird ein bereits bekannter realer Entwicklungspfad, auf dem wir einen Gang zugelegt haben. Diese (Vor-)Geschichte zu erzählen, ist ein Gewinn für jede Organisation.

2. Matthias Horx hat vor dem „Alarmismus" von Krisen gewarnt. Dieser steht im Gegensatz zum Kernproblem jeden Issues Managements: dem Ignorieren, Übersehen, Unterschätzen schwacher Signale. Heute, im Zeitalter von fake news, die Meinungs- und Medienmacht vorgaukeln, ist die Beurteilung der sogenannten Faktenlage noch schwieriger geworden. Es mag keine schlechte Doppelstrategie zu sein, aufmerksam nach schwer wahrnehmbaren Signalen zu fahnden und gleichzeitig die Krisen-Präparation durch geschickt kommunizierte Scheinriesen zu unterstützen. Ist die Inszenierung einer Krise die Königsdisziplin des Marketings? Und könnte sie das klassische grundsolide Rüstzeug von Krisenprävention und -management sinnvoll unterstützen?

3. Welcher psychologische Nutzen ist durch Tur Tur-Management zu erreichen? Eine Zeit lang galt die Metaphysik als eine Disziplin, die Fragen beantwortet, auf die es keine Antworten gibt. Und das mag durchaus zu ihrem Wesen gehören. Aber sie ist unbestreitbar die Königsdisziplin der Philosophie. Wesen und Essenz, Schein und Sein sind die Fundamente der menschlichen Existenz. Als Georg Friedrich Hegel 1806 Napoleon in Jena sah, war er für ihn der „Weltgeist zu Pferde". Vielleicht ist besonders in Europa diese Verkörperung einer großen Idee oder auch einer großen Gefahr (und Napoleon war ja beides!) in der Person eines Unternehmens, Politikers oder Intellektuellen verloren gegangen. Ein Schein-Riese mit der Kraft, die Zukunft zu erhellen. Und – wer wäre besser geeignet für ein solches Leuchtturm-Projekt als Herr Tur Tur?

© Frank & Timme   Verlag für wissenschaftliche Literatur

6   Das Spiderman-Dilemma

> Die Möglichkeit, dass es auch zukünftig Verantwortung gebe, ist die allem vorausliegende Verantwortung.
>
> *Hans Jonas*

Verantwortung ist einer der meistbenutzten Begriffe unserer Zeit. Und je populärer er wird, desto vielschichtiger wird seine Bedeutung. Für den, der ihn seriös und klar nutzen möchte, bietet sich ein Blick in seine Geschichte an. In dem Hollywood-Blockbuster „Spider-Man" von 2002 findet sich ein Satz, der seitdem ein fester Bestandteil nicht nur der Popkultur geworden ist: „Aus großer Kraft folgt große Verantwortung." Vielleicht geht er zurück auf den US-amerikanischen Präsidenten Richard Nixon: „With great power goes great responsible". Vielleicht auf Astrid Lindgrens Pippi Langstrumpf: „Wer stark ist muss auch gut sein." Jedenfalls erinnert er an ein ethisches Dilemma, das neuerdings wieder breit diskutiert wird. Man könnte es folgendermaßen fokussieren: Haben große Unternehmen eine große gesellschaftliche Verantwortung und kleine Unternehmen eine kleine gesellschaftliche Verantwortung? Muss ein reicher Mensch mehr spenden als ein armer Mensch? Muss sich ein physisch starker Mensch bei einer körperlichen Auseinandersetzung mehr engagieren als ein physisch schwacher Mensch? Kann man diese Fragen beantworten ohne ideologisch zu werden? Sind das sinnvolle Fragen? Spiderman scheint uns nahezulegen, dass es einen Unterschied macht, ob wir Verantwortung nicht nur übernehmen, sondern auch tatsächlich ausüben können. Stimmt das? Existiert Verantwortung, auch wenn es keine Möglichkeit gibt, sie wahrzunehmen?

Kleine Geschichte der Verantwortung

Erst im 20. Jahrhundert wird Verantwortung eine ethische Schlüsselkategorie. Zugleich löst sich der Begriff immer stärker von religiösen, ontologischen und existenzialistischen Wurzeln. Man könnte sagen, er emanzipiert sich von seinem anthropozentrischen Ursprung und wird Teil von einer, wie K. O. Apel sagte, „planetaren Makroethik". In der Antike wurde nicht nur eine Vielzahl unterschiedlicher Begriffe verwandt, um menschliche Verantwortung zu fassen, auch die Bedeutung der Begriffe variiert oft genug von Autor zu Autor. Aristoteles beschreibt Verantwortung geradezu klinisch mit „Ursache", „freiwillig" und „bei uns" (*eph' hêmin*), also das, was in unserer Macht liegt und was unser Handeln bewirkt. Platon, Stoiker, Epikureer und die späteren Aristoteliker folgen dieser Perspektive. Zweifel bezüglich der Kompatibilität von Verantwortung und (christlicher) Determination finden sich zwar bis ins Hochmittelalter, stehen aber nicht im Zentrum der Diskussionen. Verantwortung ist Ausdruck des Willens im Hinblick auf die Verantwortung vor Gott und der Erfüllung des göttlichen Plans.

Erst der dänische Philosoph Sören Kierkegaard stellt Anfang des 19. Jahrhunderts die Verantwortung ins Zentrum seines Denkens. Obwohl tief im Christentum verwurzelt, ist für ihn eine „Übernahme" von Verantwortung nur möglich, wenn der Mensch zuvor die „absolute Selbstwahl" getroffen hat. Er wird damit zum ersten Existenzialisten. Verantwortung wird zur persönlichen Entscheidung, die nicht abhängig ist von externen Kausalitäten wie Religion oder Staat. Friedrich Nietzsche findet 100 Jahre später den wunderbaren Begriff der „Unschuld des Werdens" der Schöpfung, der im Gegensatz steht zur „Qual der Verantwortung" des Menschen. Wenn Gott tot ist, trägt der Mensch die Verantwortung für die Welt. Was Nietzsche gewissermaßen zum ersten Ökoaktivisten macht.

 © Frank & Timme   Verlag für wissenschaftliche Literatur

Ganz konkret wird das im Buch von Hans Jonas „Das Prinzip Verantwortung" von 1979. Es schildert eine Welt, in der uns nach der Abschaffung der Transzendenz nichts mehr heilig ist. Jonas findet das neue „Heilige" im Eigenwert der Natur. Nicht mehr im Ewigen, sondern im Vergänglichen liegt für ihn „das Eigentliche". Damit schafft er die Basis für ein völlig neues Verständnis von Verantwortung, das zwar das alte, von Kierkegaard angestoßene Fundament der Selbstwahl nicht abschafft, aber den Fokus richtet auf die ganz handfeste Welt, in der wir leben. Bis heute, bis zu den Diskussionen um Klimawandel, Ressourcenknappheit und Artensterben, bietet Jonas die Grundlage unseres neuen Blicks auf die Welt. Zugegeben: Diese Position beinhaltet für uns alle ein Element der Überforderung. Wir schwanken zwischen der Verantwortung für alles (Kollektivismus) und ausschließlich dem, was wir gerade tun (Reduktionismus). Für viele Menschen, nicht zuletzt für den modernen *homo migratus*, ist es dabei schwierig, einen Mittelweg zu finden.

Unsicherheit und Verantwortung

Einen besonders bedenkenswerten Hinweis zum Thema Verantwortung verdanken wir dem Philosophen Wilhelm Weischedel. Im Begriff Verantwortung liegt das Wort „Antwort". Weischedel macht darauf aufmerksam, dass die Entdeckung oder Bewusstmachung einer Verantwortung immer auch einen Akt darstellt, in welchem der Mensch „sich etwas in die Antwort holt" oder „offenbar macht" im Dialog. Heute würde man sagen: Etwas wird zum Thema, etwa durch besondere Ereignisse, durch eine Krise oder durch massive Medienpräsenz. Etwas, das bislang nicht oder wenig beachtet wurde, steht plötzlich im Mittelpunkt des Interesses. Darin liegt eine Erkenntnisleistung und – bestenfalls – eine Neubewertung dessen, was wir für wichtig und diskussionswürdig erachten. Für den Kulturwissenschaftler Dirk Baeker ist die „Organisation und Verteilung von Aufmerksamkeit und Wachsamkeit nicht trivial". Sie ist die Bedingung der Möglichkeit Entscheidungen zu treffen. Dort, wo die Verantwortung wächst, geht die Unsicherheit zurück. Es ist ein wenig wie beim Zahnarztbesuch: Wenn wir wissen, welcher Zahn warum uns Schmerzen zufügt, lässt der Schmerz nach. Mit dieser Interpretation der Verantwortung als Erkenntnisleistung ist man wieder beim Kierkegaardschen Ansatz. Allerdings haben uns heute 200 Jahre dialektisches Denken die Naivität geraubt, an eine positive Kraft der Verantwortung zu glauben. Wenn es möglich ist, 2020 aus dem Pariser Klimaabkommen auszutreten, liegt eher die Vermutung Niklas Luhmanns nahe, dass es sich hier um ein „sicheres Auftreten bei Ahnungslosigkeit" handelt. Wilhelm Weischedel würde trotzdem an die Verantwortung glauben: Was *einmal* Thema geworden ist, trägt das Potential einer zu gestaltenden Zukunft in sich und steht damit im Gegensatz zu einem Verständnis von Verantwortung, das auf die Vergangenheit blickt. Die *blame responsibility*, die Verantwortung für das, was wir getan haben und für das wir nun geradestehen müssen, hat natürlich ihre Berechtigung. Sie darf aber nicht verhindern, dass wir Verantwortung als Instrument der Zukunftsgestaltung verwenden.

Verantwortung und Spinnensinn

Ist Verantwortung vielleicht eine Superkraft? Die Geschichte des Begriffs gibt dazu keine kohärente Antwort. Spiderman hat keinen globalen Horizont, er fühlt sich verantwortlich für seine Stadt, New York. Sein *corporate citizenship* äußert sich in der lokalen Bekämpfung kleiner und großer Ganoven. Eltern fühlen sich in der Regel für ihre Kinder, nicht aber für fremde Kinder verantwortlich. Unternehmen übernehmen Verantwortung für ihre Produkte, aber zumeist nicht für das, was

  © Frank & Timme   Verlag für wissenschaftliche Literatur

mit ihren Produkten getan wird. Verantwortung wird besonders in solchen Zusammenhängen als Relations- und Beziehungsbegriff verstanden. Wir sind für etwas oder für jemanden verantwortlich, oder wir sind gegenüber jemandem oder etwas verantwortlich: für unsere Taten, unsere Kinder, für die Art, wie wir Autofahren, gegenüber Gott, dem Gesetz oder Regeln der Gemeinschaft. An diesem Punkt sieht man gut, warum Verantwortung im 20. Jahrhundert für die Psychologie ein großes Thema wurde. Sie interessiert sich für das, was quasi hinter dem Begriff liegt: Absichten, Macht, Funktionen, Abhängigkeiten, falsche oder krankhafte Voraussetzungen.

Man könnte die Situation, in der sich der Mensch befindet, als eine Schnittstelle beschreiben. Auf ihn prasseln permanent Pflichten und Rechte, Wünsche, Hoffnungen, Informationen und Ideen ein, die manchmal große, manchmal geringe Bedeutung für ihn haben. Es ist unmöglich, sich in jeder Sekunde neu auf diese Herausforderungen einzustellen. Deswegen benimmt der Mensch sich wie ein fauler Mathematiklehrer: Er nutzt jede Gelegenheit, eine Abkürzung zum Ergebnis zu finden und die Rechenwege zu verkürzen. Wir nutzen Gesetze, Moral, Religion, Ideologien oder prägende Erfahrungen, die wir verallgemeinern dafür, um dem Chaos Herr zu werden. Und im Allgemeinen klappt das auch. Allerdings entsteht dabei immer wieder ein Konflikt, den Max Weber mit den Begriffen Gesinnungsethik und Verantwortungsethik auf den Punkt gebracht hat. Kern ist: Wir müssen darauf achten, ob unsere Gesinnung (z. B. moralische oder religiöse Wertesysteme) nicht unserer Verantwortung (was genau passiert, wenn ich dies oder das tue?) im Wege steht. Die Abkürzung des Mathematiklehrers funktioniert nun einmal nicht immer. Man kann etwa vermuten (oder hoffen), dass viele Mitglieder der republikanischen Partei in den USA angesichts der Ereignisse am und im Capitol in Washington an dieser Schnitt-Stelle standen. Was soll ich tun als loyaler Politiker, der sieht, dass die Handlungen der Instanz, der meine Gesinnung gehört, unverantwortlich sind?

Dieser im Kern unlösbare Konflikt legt zwei Perspektiven nahe. Die eine beinhaltet, dass es oft hilfreich scheint, die für viele eher abstrakte Selbstwahl im Sinne Kierkegaards mit einem pragmatischen Vorschlag des britischen Philosophen Herbert L. A. Hart zu kombinieren und alltagstauglicher zu machen. Er unterscheidet Kausalverantwortung, Rollenverantwortung, Fähigkeitsverantwortung und Haftbarkeit. Wer sich (gewissermaßen neutral) klarmacht, welche dieser Verantwortungsaspekte für ihn persönlich am wichtigsten ist, wird es im Konfliktfall einfacher haben. Das ähnelt der Unterscheidung von Niklas Luhmann von Verantwortung (Sachkompetenz) und Verantwortlichkeit (Entscheidungsgewalt und Regresspflicht). Außerdem reduzieren wir die Komplexität der Entscheidung, wenn wir uns ehrlich unsere Prioritäten bewusst machen.

Die andere Perspektive: Verantwortung kann wie ein Spinnensinn funktionieren, der Spiderman dabei hilft, Gefahren vorauszusehen. Das wiederum führt zu der Idee zurück, Verantwortung als Erkenntnisfähigkeit zu nutzen, als Früherkennungsinstrument, als Krisensinn. Praktisch wäre beispielsweise für Unternehmen eine Fusion von Issues Management und CSR leicht machbar. Die strategische Entscheidung, gesellschaftliche Verantwortung von Unternehmen darin zu sehen, Krisen (gleich welcher Natur) abzuwenden, wäre nicht nur ein Paradigmenwechsel in Opposition zur Gewinnoptimierung, sondern zugleich eine für alle Stakeholder nachvollziehbare Sinnstiftung. Und sie wäre auch ein vertretbarer Umweg des Spiderman-Dilemmas. Denn wenn Verantwortung selbst dazu führte, dass sie so wenig wie möglich zum Tragen käme, wäre eine Unterscheidung von großer oder kleiner Verantwortung nicht mehr nötig. Oder, um mit Hans Jonas zu enden: „Verantwortung ist die als Pflicht anerkannte Sorge um ein anderes Sein. Die Bedrohung seiner Verletzlichkeit wird zu unserer Besorgnis." Und diese Besorgnis mag dann als Superkraft durchgehen.

 © Frank & Timme   Verlag für wissenschaftliche Literatur

7   Lernt Alt was Jung versteht?

> Dasselbe bedeuten lebendig/gestorben, wach/schla-
> fend, jung/alt. Denn dieses ist, wenn es umgeschlagen
> ist, jenes. Und jenes, wenn es umgeschlagen ist, dieses.
>
> *Heraklit*

Wir reden heute vom „Krieg der Generationen". Die Alten haben Angst vor der Jugend – und um die Jugend. Hat dieser ewige Konflikt eine neue Qualität bekommen? Und können Gesellschaft und Unternehmen ihn nutzen, um die Zukunft zu gestalten? Im Kampf zwischen Jung und Alt könnte der 29. April 2021 rückblickend ein historisches Datum werden. Zum ersten Mal, so schreibt „Die Zeit", „ist eine Umwelt-Verfassungsbeschwerde vor dem höchsten deutschen Gericht erfolgreich". Aktivistin Line Niedeggen von der Fridays-for-Future-Bewegung wird zitiert: „Das Gericht bestätigt mit der Klimaklage, was die Naturwissenschaft seit Jahren zeigt: Aufschieben und unzureichende Klimaziele gefährden nicht nur die Natur, sondern unser Recht auf Leben und das Recht auf Zukunft". Ist das Wort „historisch" angemessen? Das Bundeverfassungsgericht erklärt die 1,5-Grad-Grenze des Pariser Klima-Abkommens mit seinem Urteil letztlich für verfassungsrechtlich verbindlich. Die grundrechtliche Freiheit und das Staatsziel Umweltschutz verpflichteten den Gesetzgeber, einen vorausschauenden Plan zu entwickeln, um mit den noch möglichen Restemissionen sorgsam umzugehen. Das sei nicht gewährleistet, wenn keinerlei konkrete Planung für die Zeit nach 2030 stattfinde und überdies fast das gesamte Budget nach der bisherigen Klimapolitik bis 2030 aufgebraucht sein werde. Die

Klimapolitik muss also stark beschleunigt werden. Muss – aber das gilt für Vieles in der Welt. Wird? Bleibt abzuwarten.

Das Thema hinter dem Thema Klima ist womöglich noch spannender. Nicht zufällig haben nämlich unter anderem junge Menschen aus Deutschland, Bangladesch und Nepal geklagt. Es geht um Auswirkungen, die hierzulande zumindest zum Teil verursacht werden und sich in anderen Gegenden der Welt auswirken. Junge Menschen aus Deutschland haben geklagt, die vielleicht den Landwirtschaftsbetrieb der Eltern übernehmen wollen und nicht wissen, ob das noch möglich sein wird. Tochter und Vater haben geklagt, weil die Familie in Sachsen in einem Haus wohnt, das künftig in besonderem Maße von Überschwemmungen gefährdet sein wird. Selten, vielleicht abgesehen von der Rentenproblematik, sind Generationenkonflikte so konkret gewesen. Was natürlich in den Personalabteilungen der Unternehmen längst angekommen ist. Das Stichwort: Generationenmanagement. In altersgemischten Teams, mit Know how-Tandems, mit Cross-Coachings versucht man der Herausforderung Herr zu werden. Es sind aber Zweifel angebracht, ob die etablierten „Alten" die kritischen „Jungen" wirklich ernst nehmen.

Missverständnisse

Woher stammt eigentlich die Geschichte von der verdorbenen Spaßjugend, die im Corona-Lockdown ihre Alten aufs Spiel setzt? Die einzigen erzählenswerten Elternmorde stammen aus der Antike: Ödipus natürlich, Kronos, der jüngste Sohn von Gaia, der Erde, der den verhassten Vater Uranos tötet. Und dieser, jetzt in der Vaterrolle, frisst wiederum fast alle seine Kinder aus Angst vor Machtverlust. Tatsächlich sind Kinder zumeist die Leidtragenden. Hänsel und Gretel werden aus fadenscheinigen Gründen im Wald ausgesetzt, Schneewittchen wird

© Frank & Timme   Verlag für wissenschaftliche Literatur

von ihrer Stiefmutter malträtiert. Die Tötung und Aussetzung der Nachwachsenden ist überhaupt die Wurzel allen Übels. In jeder Gemeinde liest man auf den Kriegerdenkmälern von „Söhnen", die ihr Leben ließen. Der französische Philosoph Michel Serres urteilt, dass in den „Kriegen, meist von Verantwortlichen reiferen Alters beschlossen und organisiert, die männliche Jugend getötet wurde. Mit anderen Worten: In den Ministerien, Botschaften und Hauptquartieren saßen Väter aus jener Elite, die sich mit Inbrunst einer im zweistelligen Millionenbereich betriebenen Ermordung ihrer Söhne widmeten. Den Söhnen und Töchtern, die überlebt hatten und zweifellos geblendet waren von der imponierenden Gräberzahl, wurde wenig später in den Hörsälen eine ganz andere Geschichte nahegebracht, die vom Vatermord". Lobenswert dagegen, wie Bundestagspräsident Wolfgang Schäuble Partei ergreift für die Jüngeren: „Meine Angst ist aber begrenzt. Wir sterben alle. Und ich finde, Jüngere haben eigentlich ein viel größeres Risiko als ich. Mein natürliches Lebensende ist nämlich ein bisschen näher." Wer den Tod dabei allein auf die physische Existenz begrenzt, übersieht die ethische Verpflichtung, den Menschen eine Zukunft zu ermöglichen und keinesfalls zu entziehen. Siehe Klima-Urteil. Die Erkenntnisse mehren sich, dass der Lockdown nicht nur Kindern die Zukunft versaut, sondern auch zu massiven seelischen Störungen führt. Ganz abgesehen davon, dass in ausweglosen sozialen und familiären Situationen tausend Tode gestorben werden. Und die Impfreihenfolge – man mag es erstaunlich finden, wie wenig widersprochen sie bleibt. Der Krieg der Generationen, von der Bundesfamilienministerin Renate Schmidt spricht, ist traurige Realität.

Juvenoia

David Finkelhor, der an der US-Universität New Hampshire über Jugendschutz forscht, hat ein Wort erfunden: Juvenoia. Darin stecken die Bestandteile *juvenil* und *Paranoia* – das steht für die Angst vor der Jugend und zugleich auch die Angst um die Jugend. „Es geht um die übertriebene Besorgnis vor dem Effekt, den soziale Veränderungen auf Kinder haben", erklärt der Soziologe, „Wir ziehen gerne den Schluss, dass es schlecht um unsere Kinder steht. Und dass das wiederum unserer Gesellschaft schaden wird." Die Jungen sind immer schon verschwenderisch, plan- und verantwortungslos, unwissend und triebgesteuert. Kurz: Der junge Mensch wird als unfertiger Erwachsener gesehen. Und zwar umso mehr, desto stabiler (also bewahrenswerter) und etablierter (also komfortabler für das Establishment) die Gesellschaft ist. Veränderung: Nein danke! Die Jugend sei heruntergekommen und das Ende der Welt nah, soll angeblich auf einer 4000 Jahre alten Steintafel stehen – in Keilschrift, der ersten menschlichen Schrift überhaupt.

Was ist dran an einer solchen Einschätzung? Ein Beispiel: Im Zuge des demografischen Wandels führen immer häufiger jüngere Vorgesetzte ältere Mitarbeiter. Diese statusinkongruente Führungskonstellation kann gesellschaftlich und organisational akzeptierte Normen verletzen und dadurch zu Konflikten führen – etwa aufgrund von grundsätzlichen Generations- und Erfahrungsunterschieden, wechselseitigen Altersvorurteilen und möglicherweise entstehenden Rollenkonflikten (z. B. Rolle „Führungskraft" steht in Widerspruch zur Rolle „jüngerer Mitarbeiter"). Ist das nicht eine erschreckende Perspektive zukünftiger Unternehmenskulturen, die geprägt sind von permanenten Grabenkämpfen der Generationen? Eine typische Liste von Ratschlägen für junge Führungskräfte sieht dann so aus:

1. Konstellation offen ansprechen
2. Respekt und Wertschätzung zeigen
3. Bestimmt, aber bescheiden auftreten
4. Viel fragen, aber selbst entscheiden
5. Schlechte Gefühle ansprechen

Sind solche Hinweise tatsächlich spezifisch für junge Führungskräfte? Und wie hilfreich sind solche Schubladen-Tipps? Die Wirklichkeit ist mal wieder längst weiter: Die Lebensarbeitszeit wurde verlängert, das Renteneintrittsalter erhöht, der Berufseinstieg durch die Bologna-Reform nach vorne verlegt. Die Generation, die zurzeit in den Arbeitsmarkt eintritt („Generation Y" oder „Millennials"), hat andere Sichtweisen, Lebensgewohnheiten und Prioritäten als die Generation, die als nächste der Pensionierung gegenübersteht (Generation „Baby Boomer"). Der Anteil von Personen im höheren Erwerbsalter steigt in Deutschland und in anderen europäischen Ländern stetig an. Gleichzeitig findet sich eine zunehmende Tendenz zum vorzeitigen Ausscheiden aus dem Erwerbsleben. Die Kombination dieser beiden Entwicklungen führt zu Krisen in den sozialen Sicherungssystemen und zu Schwierigkeiten für viele Unternehmen, den Bedarf an qualifizierten Arbeitskräften zu decken. Entscheidend ist, ehrlich diese Wirklichkeit ernst zu nehmen. Auch hier ist die Kongruenz zum Thema Klima frappierend.

Vermächtnisse

Bei dem Streamingdienst Netflix läuft aktuell die wunderbar-schreckliche US-Serie „Jupiter's Legacy". Die Geschichte des gleichnamigen Comics von Mark Millar könnte amerikanischer nicht sein: Eine Gruppe von Superhelden, die ihre Kräfte in den 30er Jahren des 20. Jahrhunderts erhielt, hat seit fast 100 Jahren die Welt gerettet, beschützt und geführt. Nun sind die Helden alt, und die Kinder sollen ihren Job übernehmen. Doch die Welt hat sich verändert, die Kinder zweifeln an den Idealen (dem Kodex) der Alten. Diese versuchen, ihre Wertevorstellungen gegenüber den Jüngeren durchzusetzen – und das Drama nimmt seinen Lauf. Bei aller Trivialität legt die Serie punktgenau den Finger in die Wunde: Die Jungen wissen, dass es so nicht weitergeht, die Alten wissen nur, wie es weitergeht wie bisher.

Gesellschaft, Politik und Unternehmen brauchen dringend einen Blick auf die Jugend, der Vorurteile überwindet und neue Perspektiven ermöglicht. Anders als Michael Opoczynski, der glaubt, „die Alten hätten den Jungen den Krieg erklärt", geht es vor allem darum, einen neuen Generationenvertrag auszuhandeln, der nicht auf Rentenansprüchen, Gewinnmaximierungen oder Besitzstandswahrungen gründet, sondern der die Zukunft als einen Akt der gemeinsamen Entscheidung versteht. Die moderne Unterscheidung des Politischen in Wirtschaft und Politik sollte nun nicht mehr die zwischen Freund und Feind, Eltern und Kindern, Alten und Jungen, sondern die zwischen besseren und schlechteren Argumenten sein. So lässt sich das Urteil des Bundesverfassungsgerichts jedenfalls deuten. In einem Rechtsstreit obsiegen in einem Rechtsstatt die besseren Argumente und Gründe. Umso mehr, da ja bekanntlich alle vor dem Gericht gleich sind bzw. gleich sein sollten.

Wenn die Alten Einsicht und Erfahrung für sich reklamieren, bleibt den Jungen nur die Rolle des Juniorpartners. Diese Einstellung geht allerdings davon aus, dass Quantität wertvoller ist als Qualität. Ein nicht wenig verbreitetes Diktum unserer zahlengläubigen Zeit. Ja, jungen Menschen fehlt es an quantitativer Erfahrung und Einsicht. Aber wird das nicht mehr als wett gemacht durch Dynamik, Optimismus, durch Pragmatismus und Ehrgeiz? Laut aktueller Shell-Jugendstudie ist der Sinn für soziale Beziehungen und – ja, auch – Leistungsorientierung stark ausgeprägt bei den Jungen. Bis 2030 werden knapp 35 Prozent der Deutschen, also etwa jeder dritte, über 60 Jahre alt sein. Wir sollten

© Frank & Timme   Verlag für wissenschaftliche Literatur

der Jugend mehr vertrauen, bevor sie zu einer Randgruppe wird. Und überhaupt, wer sagt denn, dass Jung und Alt so manierlich voneinander zu unterscheiden sind. Marcel Proust sah das so: „Der Mensch ist ein Wesen ohne festes Lebensalter, ein Wesen, das die Fähigkeit besitzt, in wenigen Sekunden wieder um Jahre jünger zu werden, und das innerhalb der Wände der Zeit, in der es gelebt hat."

8 Die unerträgliche Bedeutung jedes Menschen

> ... denn da ist keine Stelle, die dich nicht sieht. Du
> mußt dein Leben ändern.
>
> *R. M. Rilke*

Wenn unsere Tochter oder unser Sohn sich in Lützerath an einen Braun-
kohlebagger im Tagebau Hambach kettete oder als Mitglied der „Letzten Generation" auf einer vielbefahrenen Straße festklebte – würden
wir großen Stolz empfinden oder große Scham? Würden wir, wie der
Comedian Dieter Nuhr, der schwedischen Aktivistin Greta Thunberg
empfehlen, sich an einer tatsächlich lebensgefährlichen Demonstrati-
on in China zu beteiligen anstatt an einer „Marketingaktion" in einem
rheinischen Dorf? Ist es ein berechtigter Einwand gegen die Mittel des
Widerstands angesichts ökologischer Tatenlosigkeit und unverdrosse-
nen Bestandsdenkens – oder ein billiger Gag angesichts großen Mutes
und politischer Zivilcourage?

Lützerath, „Letzte Generation", Fridays for Future, zahllose Bewe-
gungen rund um Umwelt-Themen, aber auch Themen wie die Rechte
von Frauen oder Kindern, die Tierhaltung und vieles mehr sind Teil
der Nachhaltigkeitsdebatte, Teil einer Transformation gesellschaftlicher
Selbstverständlichkeiten und Paradigmen. Inzwischen ist es *political
correct* nachhaltig zu denken und zu leben. Für uns ist Nachhaltigkeit zum zentralen „Dispositiv" geworden, um mit dem französischen
Philosophen Michel Foucault zu sprechen: zu einer Weltsicht, einer
Ideologie, einer allgemeinen Maxime, unter der wir uns selbst, andere

und die Welt betrachten und beurteilen. Kann man allen Ernstes etwas auszusetzen haben an dieser großartigen Idee? Ja, findet der ehemalige Chefredakteur der Zeitschrift „Philosophie Magazin" Wolfram Eilenberger: „Die Kernillusion der Nachhaltigkeit als Begriff besteht darin, dass wir unser jetziges Lebensniveau aufrechterhalten können, wenn wir nur ein bisschen smarter, ein bisschen verantwortlicher mit den Ressourcen umgehen, dass wir also gar nichts ändern müssen." Deswegen der Aufschrei wegen einiger junger Menschen, die auf Straßen kleben. Und zum Einwand, die Wirtschaft etwa habe das Thema doch großflächig aufgenommen, kontert er, dass der Umstand uns besonders skeptisch machen sollte, „mit welcher Warmherzigkeit und mit welch offenen Armen die gesamte Wirtschaft diesen Begriff umarmt." Nachhaltigkeit als Leitidee anzuerkennen hieße, auf *grundlegende* Veränderungen zu verzichten. Kurz: Der Grad und die Form des Aktivismus insbesondere der Jugend steht in direkter Korrelation zum Grad und der Form des vorherrschenden restaurativen Mainstreams.

Gegenwart und Zukunft

Das Wort Nachhaltigkeit gehört zur Gattung der inflationären Begriffe. Wird er in der Alltagssprache zumeist synonym mit „langfristig" benutzt, orientiert sich die Fachwelt an der Brundtland-Definition von 1987: „Sustainable development is development that meets the needs of the present without compromising the ability of future generations to meet their own needs." Die Philosophie nennt eine solche Formulierung normativ: es wird ein universelles Sollen gefordert, hier ein Recht auf gutes Leben. Zugleich geht es ethisch um Gerechtigkeit: Schulden wir Gegenwärtigen zukünftigen Generationen etwas – und wenn ja, was und wieviel? Nachhaltigkeit verknüpft also einen gegenwärtigen Handlungsauftrag mit einem (vorgestellten) zukünftigen Bedarf und ist somit ein Entwicklungsbegriff. Für den britischen Philosophen Bernard Williams zählt der Nachhaltigkeitsdiskurs deswegen zu den „thick concepts". Damit ist gemeint, dass hier Fakten und Werte gleichermaßen von Bedeutung sind. Wir reden beispielsweise einerseits von messbaren Umweltschäden, quantifizierbaren Kosten für nachhaltigere Energiegewinnung – und gleichzeitig von korrekten oder inkorrekten Verhaltensweisen, von Generationengerechtigkeit, von der Logik des Verzichts oder des Wachstums. Kurz: Nachhaltigkeit fordert uns auf, den höchsten (anthropozentrisch-)normativen Begriff überhaupt – den Anspruch auf gutes Leben aller Menschen – mit unseren faktischen Möglichkeiten und Rahmenbedingungen unter Berücksichtigung künftiger Generationen zu verbinden. Das ist kompliziert! Williams hat dazu eine spannende Idee, die zwar das Dilemma nicht löst, aber eine stärker pragmatische Handhabung zulässt. Er greift auf die Unterscheidung idealer und nicht-idealer Gerechtigkeitstheorien zurück. Einfach gesagt: Ideale Gerechtigkeitstheorien ignorieren die faktischen Umstände normativer Forderungen, nicht-ideale Theorien ziehen sie explizit in Betracht. Es wäre also ein erster Ansatz, wenn man die Positionen in Nachhaltigkeitsdebatten daraufhin überprüfte, ob sie der idealen oder nicht-idealen Theorie folgen. Es käme der Realisierung nachhaltiger Projekte womöglich zugute, auch wenn eine pragmatische Sichtweise schmerzlich und nicht befriedigend sein mag. Sie führte aber dazu, dass – vergleichbar dem Streit um Waffenlieferungen versus Friedensverhandlungen beim Ukraine-Krieg – erkennbar unrealistische Positionen, so wünschenswert sie auch seien, keine Berücksichtigung fänden.

Die Masse des Einzelnen

Für den Einzelnen, aber auch für Unternehmen ergibt sich aus dem universellen Sollen und der Verknüpfung von aktuellem Handlungsdruck und zukünftiger Verifizierung psychologisch eine Überforderung: Wie soll ich als Einzelner, ja auch als Unternehmen tatsächlich etwas ändern? Es ist das Argument der kausalen Ineffizienz: Der Einzelne ist in seinen Handlungen wirkungslos, er macht keinen Unterschied. Dieses Argument wird gerne verknüpft mit der Überzeugung, dass doch eher die Industrie oder die Regierung verantwortlich seien. Ich bin raus! Besonders in der Klimadebatte wird dieses Argument immer wieder vorgetragen. Der wissenschaftliche Begriff für dieses Phänomen ist Negligibilität. Er steht für die Annahme, dass jeder einzelne Mensch in seinen Handlungen so unbedeutend (vernachlässigbar) ist, dass das, was er persönlich tut, keine Auswirkungen auf die Gesellschaft hat.

Wir ahnen, warum vielen Menschen diese Sichtweise gefällt! Wenn es stimmt, dass wir keinen Unterschied machen, dass unsere Handlungen am Zustand der Welt, ja auch an der unmittelbaren Welt, in der wir zuhause sind, nichts ändern, müssen wir unseren Handlungen auch kein Gewicht beimessen, unsere Taten, unsere Gedanken und Pläne nicht sorgfältig und **nachhaltig** abwägen. Man könnte sagen, es entsteht so eine Art moralische Arbeitsteilung: es gibt die, die für den Großteil dessen verantwortlich sind, was geschieht und die anderen, die aus dem Schneider sind, weil ihr Verhalten unerheblich ist. Milan Kundera hat das in seinem Roman „Die unerträgliche Leichtigkeit des Seins" auf die Einmaligkeit unserer Existenz gemünzt wie folgt beschrieben: „Wenn sich jede Sekunde unseres Lebens unendliche Male wiederholt, sind wir an die Ewigkeit genagelt wie Jesus Christus ans Kreuz. Eine schreckliche Vorstellung. In der Welt der Ewigen Wiederkehr lastet auf jeder Geste die Schwere einer unerträglichen Verantwortung." Die Idee markiert den Gegenpol zum Konzept der Negligibilität. Der Roman, der vor 40 Jahren etwa zur selben Zeit veröffentlicht wurde wie die Nachhaltigkeitsdefinition der Brundtland-Kommisson, zeigt, in welche Richtung sich der Zeitgeist entwickelt hat. Ist es nicht bizarr, dass wir in der freiheitlichsten und individualistischsten Welt aller Zeiten leben, in

© Frank & Timme   Verlag für wissenschaftliche Literatur

der Menschen für jeden und jedes den Anspruch reklamieren, gehört und respektiert zu werden, gleichzeitig aber sich selbst und ihrem Leben einen marginalen Einfluss, ein marginales Gewicht zugestehen? Ist das gegebenenfalls eine entscheidende Ursache für unsere Reaktion auf jene jungen Menschen, die plötzlich dem Einzelnen ein Gewicht und ein Veränderungspotential zusprechen, das wir in unserer Wohlstandsgesellschaft längst vergessen hatten? Und könnte nicht diese unerträgliche Masse des Einzelnen, seine Schwere, seine unvergleichliche Bedeutung ein Ansatzpunkt sein für eine **neue** Nachhaltigkeit? Übrigens: Die Logik, auch wenn sie bekanntermaßen keine große Lobby besitzt, spricht dagegen, dass die Handlungen Vieler gemeinsam eine Wirkung entfalten, die Handlungen Einzelner dagegen nicht. Denn die Vielen, das sind eben – viele Einzelne.

Modell Wachstum

Ein weiterer Aspekt fällt bei der philosophischen Betrachtung der Nachhaltigkeit auf: der Konflikt von Nachhaltigkeit und Wachstum. Man muss nicht Niko Paech von der Universität Siegen zustimmen, der vehement eine *Postwachstumsökonomie* fordert. Er ist, nicht überraschend, ein Außenseiter in der deutschen Volkswirte-Szene, legt aber zweifellos den Finger in die Wunde. Seine Rechnungen gehen so: Der Spritverbrauch von Automobilen sei seit 1991 um gerade einmal 0,1 Liter gesunken. Die stärksten Zuwächse verzeichnet das Segment der SUVs, besonders „durstige" Fahrzeuge. Oder: Pro Kopf liegen die Deutschen bei rund 11 Tonnen CO_2 pro Jahr, für das Zwei-Grad-Klimaziel müssten es rund drei Tonnen sein. Was sollen das für Produkte und Dienstleistungen sein, die das ermöglichen, fragt Paech? Die einfache Antwort: Die gibt es nicht! Für den Berliner Sozialpsychologen Harald Welzer herrscht in Deutschland eine „Zivilreligion des Wachstums".

Und für Paech ist die deutsche Kultur explizit „ein expansives Modell". Es folgt der Vorstellung, dass Zukunft darin besteht, dass von allem immer mehr da ist. Und tatsächlich hat das Jahrzehnte lang funktioniert. Deswegen gibt es auch keine alternativen Modelle. Paech, Welzer und andere, die sich mit dem Thema intensiv auseinandersetzen, sehen deswegen im Konzept der Nachhaltigkeit lediglich die Idee des Wachstums in einem neuen Kleid, welche „einen tiefen Wandel in unserem Verhältnis zur Umwelt suggeriert, aber tatsächlich eine Stabilisierung unserers jetzigen Verhältnisses zur Welt leistet."

Nachhaltigkeit und Philosophie

Die Diskussion um das Thema Nachhaltigkeit ist nicht von Optimismus geprägt. Wohl aber von intensivem Lagerdenken. Es fehlt eine verbindende, konstruktive Grundlage. Immerhin gibt es Ansätze. Sie alle haben auf die eine oder andere Weise mit Philosophie zu tun. Vielleicht deswegen, weil die Philosophie als Disziplin, als grundlegendes Vermögen des Menschen eine klare Trennung kennt zwischen Entwicklung und Fortschritt. Wir haben seit der Antike zahlreiche Wissensgebiete, Methoden und Ideen entwickelt, die allesamt im antiken Griechenland, der abendländischen Wiege der Philosophie, nicht existierten. Aber kein ernstzunehmender Philosoph würde behaupten, dass wir heute ein höheres Niveau erreicht hätten als Platon und Aristoteles. Was man mit gutem Recht von anderen Bereichen sagen kann, etwa der Technik, der Medizin oder der gesellschaftlichen Infrastruktur. Die Philosophie ist die ideale Brücke zwischen den Themen dies- und jenseits der „thick concepts". Ein sehr gelungenes Beispiel ist etwa der Aphin e.V., ein bundesweiter Arbeitskreis philosophierender Ingenieure. Seine „zehn Thesen die Notwendigkeit einer philosophischen Grundbildung für den Ingenieursbereich" sind ein guter Ansatz, Nachhaltigkeit neu zu

© Frank & Timme   Verlag für wissenschaftliche Literatur

denken. Ein ebenso beeindruckendes Projekt ist der Studiengang „Umweltgeisteswissenschaften" an der University of Fribourg in der Schweiz. Hier geht es insbesondere um ethische Fragen der Umweltpraxis und um die Herausforderungen der gerechten Verteilung von Umweltbelastungen. Schließlich sei noch genannt die Berliner „Stiftung Futur Zwei", die sich um „enkeltaugliche Lebensstile und Postwachstum" bemüht. Aus ihren Publikationen spricht ein anspruchsvoller, aber auch weniger konfrontativer Geist einer Nachhaltigkeitsdebatte, die fähig ist, auch auf die kleinen Aperçus zu achten, die nicht selten gut sind für ein gelungenes Schlusswort. Dies hier verdankt sich einem Artikel der New York Post: „Beim Abdulaziz Camel Festival in der Nähe von Riad wurden mehr als 40 Kamele disqualifiziert, weil sie zu viel Botox und Hormone intus hatten. Ein hoffentlich nachhaltiger Schlag gegen die Züchter, die bei diesem Kamel-Schönheitswettbewerb um ein Preisgeld von knapp 66 Millionen US-Dollar konkurrierten."

9 Multi Tasking oder Deep Listening?

Wir können Pferde ohne Beine rückwärts reiten
Wir können alles was zu eng ist mit dem Schlagbohrer weiten
Können glücklich sein und trotzdem Konzerne leiten
Wir sind Helden, Deutsche Musikband

Stellvertretend für unzählige Artikel über die Liebe in Zeiten von Corona steht ein Interview mit der Berliner Paartherapeutin Anna Wilitzki, die von einer massiv gestiegenen Trennungsquote in der Covid-Zeit berichtet. Paare kämen an ihre Grenzen, weil sie das permanente Zusammensein und -leben durch Homeoffice, Kinderbetreuung oder Kurzarbeit überfordere. Ist das überraschend? Sollte man nicht meinen, dass Menschen, die sich lieben, möglichst viel zusammen sein wollen? Aber warum münden dann rund 20 Prozent der Urlaube von Paaren in der Trennung?

Man kann diese irritierende Parallele auch auf das Thema Kunden, Kundenservice und Kundenzufriedenheit übertragen. Kunden haben heute 24 Stunden, sieben Tage, also das ganze Jahr die Möglichkeit, in Kontakt mit einem Unternehmen zu treten. Sei es über Hotline, Chat, Mail, Rückrufservice, SMS oder andere Kanäle. Was für ein Fortschritt! Wie ungeheuerlich die Ämter dieser Welt, die nur Dienstags und Donnerstags von 9 bis 12 Uhr geöffnet haben. Endlose Anfahrtswege, ewiges Warten im Vorzimmer oder an der Warenausgabe, Zweifel am tatsächlichen Vorhandensein des gewünschten Artikels, peinlich genau eingehaltene Öffnungszeiten. Leben Kunden heute nicht in der besten aller möglichen (Service-)Welten?

Mal ehrlich: Sind Kunden heute zufriedener als vor zehn, zwanzig oder fünfzig Jahren? Ja, es wird mehr konsumiert. Der Konsum ist zum Freizeitverhalten Nummer eins geworden. Aber – macht Konsumieren zufrieden? Oder anders: Machen wir die Erfahrung, dass heute unsere Käufe befriedigender sind, der Service besser, die Verkäufer kompetenter und freundlicher, die Produkte besser? Oder ist es wie mit der Suppe und den Haaren?

Es gibt ein einfaches Drei-Phasen-Modell zum Thema Kunde: vor dem Kauf, beim Kauf, nach dem Kauf. Traditionell ist vor dem Kauf das Marketing und die Werbung zuständig, beim Kauf der Berater oder Verkäufer und nach dem Kauf der Kundendienst. Die Digitalisierung hat uns inzwischen das Gefühl vermittelt, als sei dieses Modell ersetzt worden durch einen durchgängigen Workflow. Die Kaufentscheidung wird massiv initiiert und gesteuert, der Kauf selbst entweder intimisiert oder als Event gepimpt, der Kundendienst zum lästigen Beiwerk, der sich zumeist darauf beschränkt, Frustbewältigungskanäle einzurichten. Ist die These erlaubt, dass die vielzitierte und durch endlose Studien vermeintlich eruierte Kundenzufriedenheit in Wahrheit die Verschleierung der Tatsache ist, dass Kunden immer unzufriedener werden? Und – zweite These – dass das daran liegt, weil die Kundenkommunikation in Wahrheit eine Kundennonkommunikation ist?

Mehrfachaufgabenperformanz

Multitasking – oder in elegantem Deutsch *Mehrfachaufgabenperformanz* – lässt sich als Antwort auf eine immer komplexer werdende Welt verstehen, als Zugewinn von Fähigkeiten, als Basis für die Bewältigung dessen, was unsere moderne Gesellschaft uns abverlangt. Man denke an

© Frank & Timme   Verlag für wissenschaftliche Literatur

die Third-Screen Couch Potatos, die sich den Tatort im TV ansehen, zugleich ihre Whatsapp-Nachrichten checken und sich auf dem I-pad parallel in einem Podcast informieren. Multitasking lässt sich aber auch als eine Droge interpretieren, eine Kapitulation vor der süchtig machenden Konsum- und Medienwelt. So sieht der Philosoph Byung-Chul Han in seinem medizinphilosophischen Buch *Müdigkeitsgesellschaft* Multitasking überaus kritisch. Er vergleicht es mit dem Verhalten von Tieren, die, um in freier Wildbahn zu überleben, jederzeit gezwungen sind, ihre Aufmerksamkeit zu verteilen. Han kommt zu einem negativen Urteil: „Die Zeit- und Aufmerksamkeitstechnik Multitasking stellt keinen zivilisatorischen Fortschritt dar." Er kritisiert die Verbreitung von Multitasking, weil die kulturellen Leistungen der Menschheit, wie die Philosophie, eine „tiefe kontemplative Aufmerksamkeit" erfordern, die mit Multitasking nicht möglich sei.

Die Wirtschaft liebt Multitasking. Der moderne Kunde ist Multitasker oder, wie es nicht nur die Versicherungsbranche formuliert: hybrider Kunde. Er informiert sich im Netz, klärt Fragen aber gerne im direkten Gespräch und schließt einen Reiseschutz auch schon mal telefonisch auf dem Weg in den Urlaub ab. Er wechselt je nach Bedürfnis von online zu offline. Er ist, folgt man Han, ein „Blatt im Wind": immer bereit, auf den nächsten Zug aufzuspringen, immer bereit, ein Angebot zu prüfen und anzunehmen, immer fokussiert auf die nächste Gelegenheit. Der Markt kommt ihm entgegen. Er wird immer größer, präsenter, fordernder. Dabei führt die schiere Masse an Produkten – in deutschen Supermärkten sind es 10.000 – nicht zu mehr Umsatz, fand die US-Psychologin Sheena Iyengar heraus. Kunden, die in einem Experiment 24 Sorten Marmelade probieren durften, kauften weniger als solche, die nur sechs testeten. Und sie waren obendrein unzufriedener. Der Bildungsforscher Gerd Gigerenzer hat passend dazu nachgewiesen, dass umfassende Information eher stört, als dass sie nutzt. Mit Faustregeln – wissenschaftlich: Heuristiken – entscheiden wir nicht nur schneller, sondern oft auch besser. So hilft es, sich auf wenige Merkmale zu konzentrieren, sich an Vertrauenspersonen zu orientieren und nur so lange zu suchen, bis man eine Lösung gefunden hat, die gut genug ist, wenn auch nicht die beste. Aber Hand aufs Herz: Ist es das, was uns die Welt vermittelt?

Freud oder Delphin?

Die Mär vom König Kunde, vom Kunden, der im Mittelpunkt steht, von der permanenten Steigerung der Kundenzufriedenheit kaschiert einen immer mehr schwindenden Respekt für den Kunden. Oder wie es der Berliner Kommunikationsforscher Jürgen Schulz auf den Punkt bringt: Der Kunde steht im Mittelpunkt – und stört! Nicht umsonst findet sich heute in westlichen Gesetzgebungen ein historisches Hoch an Möglichkeiten für wehrhafte Kunden: das Gesetz gegen unlauteren Wettbewerb, gegen Haustürgeschäfte, gegen Schlechtleistung oder auf Treu und Glauben, das Faire-Verbraucherverträge-Gesetz, dazu unzählige Kundenschutzvereinbarungen oder Kundenschutzklauseln. Notwendig ist diese Flut an Sicherheitsmaßnahmen, weil sich die Benachteiligung des Kunden durch die Schaffung einseitiger Machtverhältnisse und asymmetrische Information durchgesetzt hat. Die Triebtheorie Freuds hat längst den Kampf gegen die Harvard-Delphinstrategie oder gegen das Konzept vom WinWin gewonnen. *Hard selling* ist die Realität. Verkäufer setzen die Erkenntnisse der modernen Psychologie oder die Möglichkeiten digitaler Penetration bedenkenlos für den Verkaufserfolg ein. Konzerne zeigen Hegemonialbestrebungen. Mitarbeiter vertuschen ihre wahre Motivation, den Verkauf von Produkten, und geben sich als neutrale Berater aus – siehe Finanzbranche. In einem Ranking zum Thema „Gründe für den Verlust eines Kunden" findet sich mit einem Prozent auf dem letzten Platz: Tod des Kunden. Für diese Gruppe

© Frank & Timme   Verlag für wissenschaftliche Literatur

mag man annehmen, dass die Gründe hierfür nicht bei Unternehmen oder Verkäufer lagen. Im Gegensatz zum unangefochtenen Platz eins der Liste: Mangelndes Interesse der Mitarbeiter des Unternehmens an den Erwartungen des Kunden!

Es ist verblüffend, wie viel man heute über Kaufverhalten, Kundenmotivation und Marktbewegungen weiß – und wie wenig man daraus zum Nutzen des Kunden zieht. 1898 erforschte in den USA Elmo Lewis zum ersten Mal Überzeugungsgespräche. In Deutschland stellte Wilhelm Wundt im ersten experimentalpsychologischen Laboratorium ähnliche Fragen. Längst sind die Grundmotivationen des Kunden entschlüsselt: soziale Anerkennung, Sicherheit, Vertrauen, Selbstachtung, Unabhängigkeit, Verantwortung. Doch anstatt diese Erkenntnisse für die Kundenzufriedenheit zu nutzen, nutzt man sie für einen möglichst dominanten Verkaufsprozess, für flexibel kombinierte Produkte und Kanäle, für Service-Bündel, *next best offers* oder *next best actions*. Gründe hierfür gibt es leider viele: der Siegeszug der Routinearbeiten, die Stagnation der Einkommensverteilung (seit 1980!), der blinde Glaube an den Wachstumsgott. Unternehmen haben Jobs standardisiert. Das beste Beispiel ist McDonalds. Dort meinte man: Wir bekommen zwar keine Chefköche für unsere Restaurants. Doch wenn wir Jobs standardisieren, können wir Schüler einstellen, die unsere Burger machen. Und der Erfolg scheint McDonalds recht zu geben. Kulturskeptiker fragen sich, ob die Transformation einer auf Routinearbeit basierenden Wirtschaft hin zu einer kreativen inklusiven Ökonomie überhaupt machbar ist. Natürlich gibt es auch die guten Beispiele: Etwa die Hotelkette Four Seasons. Die bewegt sich in einem wirtschaftlichen Sektor, in dem Angestellte üblicherweise schlecht entlohnt werden und wo wenig in diese investiert wird. Four Seasons entschied sich, den traditionell hohen Kundenservice dadurch beizubehalten, dass es die Mitarbeiter besser entlohnte – alle, bis hin zum Zimmermädchen. Sie sind heute die bestbezahlten in der gesamten Branche. Und heute ist Four Seasons die profitabelste Hotelkette der Welt.

Rosa Elefanten

Es ist leicht, Unternehmen anzumahnen, kundenfreundlicher zu agieren. Und natürlich bietet die menschliche Natur Kunden ein reiches Arsenal für kleine und große Betrügereien. Aber ist es deswegen falsch oder nutzlos zu fordern, dass Kundenzufriedenheit nicht nur eine Worthülse, ein Marketingversprechen, sondern gelebte Unternehmenskultur ist?

Eines der berühmtesten Tiere der Philosophie ist der rosa Elefant. Die Idee aus den Neurowissenschaften ist folgende: Unser Gehirn kann, anders als ein Computer, nicht eine Information oder einen Eindruck „clean", wie eine „1" oder „0" verarbeiten. Jede Information, jeder Eindruck wird von uns automatisch einsortiert, verglichen, kontextualisiert. Das klappt auch mit Dingen, die wir überhaupt nicht kennen. Und hier kommt der rosa Elefant ins Spiel. Wenn man uns sagt: Denk jetzt bitte nicht an einen rosa Elefanten, dann tut unser Gehirn das Gegenteil. Es denkt an einen rosa Elefanten. Und das auch, wenn wir noch nie einen gesehen haben! Unser Gehirn vollbringt dann spontan die kreative Leistung, es denkt an einen Elefanten, den wir vielleicht als Kind im Zirkus gesehen haben und malt ihn rosa an. Das Gehirn macht also genau das Gegenteil von dem, was wir eigentlich tun sollten. Diese Funktion kann auch unangenehm sein. Sehen wir ein Schild vor einem Restaurant, auf dem steht „Heute gibt es frischen Fisch", dann fragen wir uns sofort: gibt es sonst nur alten Fisch? Oder: Unsere Kunden sind die zufriedensten! Sofort fragen wir uns: Warum muss das Unternehmen das denn betonen? Der rosa Elefant ist ein Zweifler, ein Hinterfrager, ein Spielverderber. Er zweifelt intuitiv – vielleicht, weil er ein postmodernes

© Frank & Timme   Verlag für wissenschaftliche Literatur

Tier ist – an der Ehrlichkeit und Glaubwürdigkeit dessen, was ihm begegnet. Daran sollten Unternehmen denken.

Wenn man rosa Elefanten möglichst wenig begegnen möchte, bietet sich ein sehr schönes Konzept der amerikanischen Philosophin Pauline Oliveros an. Es heißt „Deep Listening". Sie schreibt: „Ich definiere *deep listening* als das Zurückhalten des Urteilsvermögens und die vollständige Präsenz mit einer anderen Person, um ihre Sichtweise zu verstehen. *Deep listening* bedeutet, gut zuhören zu können und zu verstehen, dass Menschen gehört werden wollen. Sie wollen wissen, dass ihre Meinung wichtig ist. Sie wollen unsere Empathie und unseren Respekt. Durch *deep listening* gewähren wir diese Gaben der Empathie und des Respekts."

10 Wahrheit, nein danke!

Beweisen zu wollen, dass ich recht habe, hieße zuge-
ben, dass ich unrecht haben kann.

Pierre Augustin Caron de Beaumarchais

In dem Film „Der Stadtneurotiker" beschreibt Woody Allen in einer
Szene eine Erfahrung, die wir alle schon gemacht haben. Er steht mit
seiner Freundin, gespielt von Diane Keaton, in einer Schlange an der
Kinokasse. Hinter ihm parliert ein Mann laut und selbstbewusst über
Filme und Regisseure, über Frederico Fellini und Samuel Beckett. Allen
ist genervt von den, aus seiner Sicht, haltlosen Ansichten des Mannes.
Als er anfängt, sich über den Medienphilosophen Marshall McLuhan
auszulassen, platzt Allen der Kragen. Er tritt vor die Kamera und spricht
den Zuschauer direkt an: „Was tut man, wenn man an der Kinokasse
sich die Beine in den Bauch steht, und so einen Menschen hinter sich
hat?" Und zu dem Mann gewandt: „Sie haben doch gar keine Ahnung
von McLuhan." Der Angesprochene tritt nun selbst vor und erklärt, er
sei Professor an der Columbia University und halte Vorlesungen über
McLuhan. Alles, was er gesagt habe, sei „bis ins letzte Detail präzise".
Darauf Allen: „Da bin ich aber gespannt. Ich habe Mister McLuhan
zufällig gerade hier." Und hinter einer Säule tritt der besagte Philosoph
hervor und erklärt dem fassungslosen Kritiker: „Ich habe gehört, was
sie gesagt haben. Sie haben keine Ahnung von meiner Philosophie und
legen sie völlig falsch aus." Daraufhin wendet sich Woody Allen noch
einmal ans Publikum und sagt: „Wenn's doch einmal so im Leben wäre!"

Man könnte sagen, dass die Gegenwart diese eher amüsante Szene
auf eine professionelle und allgegenwärtige Weise transformiert hat.

Wir haben uns daran gewöhnt, dass Nachrichten Fake-Nachrichten sein können, dass Menschen überzeugend und nachhaltig lügen, dass die Leugnung des Offensichtlichen es in den Mainstream geschafft hat, und dass weder in Talkshows noch auf der großen politischen Bühne jemals jemand hinter einer Säule hervortritt, um unser inzwischen alltägliches Misstrauen und unsere reflexartige Resignation zu heilen. Andererseits: Aufgeben ist keine Option. Ob wir es nun sportlich betrachten oder mit Humor oder mit Eifer und Hoffnung – wir haben uns dieser Auseinandersetzung zu stellen, wenn wir in einer Welt leben wollen, die wenigstens ab und an so aussieht wie die Welt, in der wir gerne leben würden.

Denialismus

Woody Allen hat vermutlich den Begriff Denialismus noch nicht gekannt. Die Szene verweist aber auf den Kern dieses Phänomens. Unter Denialismus (englisch denial = Leugnung) versteht man die Haltung oder den Willen, die Realität zu leugnen, selbst wenn sie wissenschaftlich erklärt oder empirisch überprüfbar ist. Stattdessen werden irrationale Ideen, Verschwörungstheorien, Einzelmeinungen und abstruse Interpretationen bevorzugt. Für die *Akademische Gesellschaft für Unternehmensführung & Kommunikation* ist Denialismus eines der wichtigsten Themen, das in den nächsten Jahren an Bedeutung gewinnen wird – und bei welchem sowohl die Forschung als auch das Kommunikationsmanagement in den Unternehmen noch in den Kinderschuhen steckt. Zwar gibt es das Phänomen schon lange, aber in der modernen Mediengesellschaft hat es eine enorme Dynamik entwickelt.

Man könnte von einem kleinen und einem großen Denialismus sprechen. Der kleine (private) Denialismus ist keinem Menschen fremd: Wir halten nicht selten an Meinungen fest, auch wenn diese nicht länger angebracht sind. Wir tun das aus Eitelkeit oder Sentimentalität, aus

© Frank & Timme   Verlag für wissenschaftliche Literatur

Stolz oder weil es uns Vorteile bringt. Das liegt auch daran, dass Menschen dazu neigen, Informationen wahrzunehmen, zu interpretieren und zu nutzen, die ihre eigenen Überzeugungen bestätigen und solche zu ignorieren, die diese widerlegen. Die Wissenschaft nennt das *myside bias* oder zu gut deutsch Bestätigungsfehler. Sie gehören zu den seltenen kognitiven Prozessen, die komplett unabhängig von der Intelligenz einer Person wirken. Es gibt noch andere Mechanismen: Wenn wir Erkenntnisse, die unsere Freiheit bedrohen, ignorieren oder leugnen, spricht man von Reaktanz. Kognitive Dissonanzen liegen beispielsweise bei Rauchern vor, die mit irrationalen Erklärungen und wilden Erfahrungsberichten versuchen, die gesundheitliche Gefährdung durch das Rauchen vor sich selbst zu verschleiern. Man könnte den Denialismus als eine Abwehrhaltung verstehen, bei welcher unser psychologisches Immunsystem Strategien entwickelt, die es ermöglichen, Situationen als weniger bedrohlich für den Selbstwert oder das Wohlbefinden erscheinen zu lassen. Das ließe sich mit der Theorie der sozialen Identität verknüpfen, nach der gruppenspezifische Emotionen, Ideologien und kulturelle Weltanschauungen das Handeln prägen. Grundsätzlich liegt der Leugnung allgemeingültiger Fakten und Wahrheiten die wachsende Komplexität und Unsicherheit der Welt zugrunde. Studien legen nahe, dass ältere Menschen anfälliger sind als jüngere, der Bildungsstand sich auswirkt ebenso wie die Herkunft. Kurz: Im Kleinen wie im Großen ist wohl kein Mensch völlig frei von einem solchen Verhalten.

Ganz anders verhält es sich mit dem großen Denialismus. Hier treten der einzelne Mensch, Gruppen, Organisationen oder gar Institutionen vor die Öffentlichkeit und leugnen wissenschaftliche Erkenntnisse, allgemein anerkannte Wahrheiten oder besonders prägende Ereignisse. Das kann aktiv oder passiv (im Verbund einer Gruppe) geschehen, nach innen als Selbsttäuschung oder nach außen als Desinformation gerichtet sein. Je bedeutsamer das Thema ist, etwa Klimawandel, Lungenkrebs, Aids oder Corona, desto verheerender kann die Wirkung der Leugnung ausfallen.

Science Denialism

Am besten zeigt die Wissenschaftsleugnung, wie der Denialismus funktioniert. Auch in den letzten Jahren stand diese im Vordergrund, Themen waren Coronaimpfung und Klimawandel. Hinzu kommt, dass die Wissenschaftsleugnung den engsten Bezug zur Wirtschaft bzw. zu Unternehmen aufweist. Die bekanntesten Fälle von Wissenschaftsleugnung betreffen die Relativitätstheorie für die Physik, den Holocaust für die Geschichtswissenschaften, Tabakkonsum, Aids und Corona für die Gesundheitswissenschaften. Der Biologe Sean B. Carroll hat einmal sechs Taktiken von Wissenschaftsleugnern formuliert:

1. „Rufe Zweifel an der Wissenschaft hervor."
2. „Stelle die persönlichen Motive und die Integrität von Wissenschaftlern in Frage."
3. „Bausche echte Meinungsverschiedenheiten in der Forschung auf und führe Nicht-Experten mit Minderheitenmeinungen als Autoritäten an."
4. „Übertreibe die möglichen Gefahren, die durch die jeweilige Thematik entstehen können."
5. „Stelle die Thematik als Bedrohung für die persönliche Freiheit dar."
6. „Behaupte, dass die Akzeptanz einer Schlüsselphilosophie, einem religiösen Glauben oder einem Brauch einer Gruppe widersprechen würde."

© Frank & Timme   Verlag für wissenschaftliche Literatur

Gründe für den wissenschaftlichen Denialismus sind nicht selten ökonomischer Natur. Eines der markantesten Beispiele ist die Tabakindustrie. So entwickelte die Werbeagentur Hill & Knowlton eine über mehrere Jahrzente fortgeführte Verteidigung für Tabakprodukte. Primäres Ziel war es, Zweifel am Zusammenhang von Tabakkonsum und Krebserkrankungen zu wecken. Die sogenannte „Tabakstrategie", die von vielen Branchen kopiert wurde, erwies sich als sehr erfolgreich. Die öffentliche Debatte über die Gesundheitsgefahren des Rauchens hielt lange Zeit an, obwohl die Wissenschaft diese schon längst bewiesen hatte.

Die „Tabakstrategie" nutzt eine Vielzahl von Kommunikationsinstrumenten, mit denen sie die Diskussionen beeinflusst. Beim sogenannten Rosinenpicken wird nicht das vollständige Bild eines Themas diskutiert, sondern lediglich einzelne Aspekte, die – ohne Zusammenhang betrachtet – für den Standpunkt des Denialisten sprechen. Hierbei kommen falsche Experten, industriefinanzierte Studien und scheinbar unabhängige Wissenschaftler zum Einsatz. Ähnlich funktioniert das „quote mining", eine Technik, die Zitate bewusst aus dem Kontext reißt und im gewünschten Sinne verwendet. Ein weiteres Mittel ist die Inszenierung künstlicher Kontroversen. Sie sind gewissermaßen ein Spiel auf Zeit und werden angewendet, wenn andere Taktiken nicht erfolgreich waren. Die Wissenschaftsleugner machen sich dabei eine grundsätzlich positive Maxime der Medien zunutze, die versuchen, ausgewogen zu berichten. Wenn allerdings über fundierte Debatten und künstlich erzeugte quantitativ gleich, also ausgewogen berichtet wird, kann das zu einer Berichterstattung führen, die den Zielen der Wissenschaftsleugner Beihilfe leistet. Gerne fordern diese auch öffentlichkeitswirksam von der Wissenschaft Ergebnisse, die nicht zu erbringen sind, beispielsweise die absolute Wirksamkeit eines Medikaments oder die 100-prozentige Sicherheit von Industrieanlagen.

Ein gutes Mittel, sich gegen diese Taktiken zu wappnen, besteht darin, sich die Grundprinzipien der Wissenschaft klarzumachen. Drei Beispiele: 1. In Wissenschaft und Geschichte ist Konsilienz das Prinzip, dass Beweise aus unabhängigen, nicht verwandten Quellen zu starken Schlussfolgerungen „konvergieren" können. Wenn mehrere Beweisquellen übereinstimmen, kann die Schlussfolgerung sehr stark sein, selbst wenn keine einzelne Beweisquelle für sich genommen signifikant ist. Die meisten wissenschaftlichen Erkenntnisse werden durch eine Konvergenz der Beweise gestützt. 2. Das Prinzip der Einheit des Wissens besagt, dass das Messen des gleichen Ergebnisses mit verschiedenen Methoden zur gleichen Antwort führt. Der Abstand der Pyramiden von Gizeh ist gleich, egal ob man eine Laser-Entfernungsmessung, Satellitenbilder oder einen Zollstock benutzt. 3. Wissenschaftler wollen Ergebnisse falsifizieren, denn sonst gäbe es keinen Fortschritt der Wissenschaft. Wissenschaftsleugner dagegen beharren auf Ergebnissen. Diese Prinzipien der Wissenschaft taugen auch als Prinzipien der Kommunikation mit oder gegen Denialisten.

Peer Review

„Wir können von der Unternehmenskommunikation erwarten, geeignete Lösungen im Umgang mit Denialisten zu finden" sagt mit Recht Christof E. Ehrhart von Bosch. Kommunikatoren stehen dabei – über die Reflexion des Issues hinaus – zahlreiche Instrumente zur Verfügung. Ganz allgemein gilt es, Ruhe zu bewahren, Fakten zu checken und Management und Mitarbeiter darin zu unterstützen, fundierte Meinungen zu erlangen.

Nicht selten hilft eine klare Positionierung, zumeist über den CEO, hartnäckige Überzeugungsarbeit und Stakeholder-Dialoge in dem Bewusstsein, dass es keine Einheitslösung geben kann. Beispiel Wikipedia:

   © Frank & Timme   Verlag für wissenschaftliche Literatur

zweifelsohne eine großartige Errungenschaft – wenn wir Wikipedia für die Recherche von Sportresultaten, historischen oder biografischen Informationen oder etwa chemischen Formeln nutzen. Sobald wir Wikipedia für politische, kulturelle oder weltanschauliche Inhalte besuchen, sollten wir tunlichst davon ausgehen, dass wir uns nicht auf Neutralität und Zuverlässigkeit der Ergebnisse verlassen können. Im Grunde lohnt sich dann eine Herangehensweise, wie sie Wissenschaftler praktizieren. Die Kommunikation der Wissenschaft hat hierbei eine gute Methode entwickelt, ein Qualitätssicherungsverfahren, das Wissenschaftsleugner als Autoren in seriösen wissenschaftlichen Zeitschriften zumeist verhindert: die *Peer Review*. Das im Deutschen oft Kreuzgutachten genannte Verfahren, sichert die Qualität eines Artikels durch die Überprüfung von unabhängigen Gutachtern desselben Fachgebiets. Ein kommunikatives Vier- oder Sechsaugenprinzip ist zwar kein Allheilmittel, aber eine gute pragmatische Lösung – für den Fall, dass mal wieder niemand hinter einer Säule hervortritt.

11 Home Office oder Work Life Distance?

Ich weiß gar nicht, wie man Chef sein kann, ohne den Mitarbeiter immer wieder an seinem Arbeitsplatz, in seiner Welt also, zu sehen. Das zufällige Zusammentreffen auf dem Gang gibt sozialen Kontakt, Gelegenheit, eine Frage zu stellen, oder auch nur, „Guten Tag" zu sagen. Bitte nehmen Sie dabei die Hände aus der Tasche, es wird beachtet.

Gerd Bucerius

Der österreichischen Kabarettistin Lisa Eckhart missfällt die Vermengung von Öffentlichkeit und Privatsphäre. Sie empfindet etwa den immer selteneren Gebrauch des Siezens als einen ästhetischen Verlust. Der US-Soziologe Richard Sennett geht sogar noch weiter: für ihn erleben wir heute eine „Tyrannei der Intimität". Eckhart, die auf der Bühne die extreme Provokation pflegt, sieht sich selbst als Philanthropin. Um sich diese Weltsicht zu erhalten, reduziert sie ihren Kontakt zu Menschen auf ein Minimum. Eckhart: „Ich möchte mir die Illusion nicht zerstören." Die Kunstfigur auf der Bühne tritt nur scheinbar in Kontakt zu anderen Menschen. Tatsächlich trennen Kunst und Publikum eine unüberwindbare Mauer. Gottseidank, so die Kabarettistin. Wenn nun aber in der Gegenwart der Wunsch allgegenwärtig scheint, diese Mauer einzureißen, in der Hoffnung, dadurch etwas zu gewinnen, ist Eckharts Frage: Was verlieren wir?

Eines der am meisten diskutierten Phänomene der letzten zwei Jahre in diesem Zusammenhang ist das Home Office. Natürlich hat es das Home Office schon lange gegeben, von Klassenarbeiten korrigierenden Lehrern bis zu Vertrieblern. Neu ist die Breite dieser Praxis und der – auf Basis der Corona-Pandemie – den gesellschaftlichen Alltag sowie die Reflexion der Arbeitswelt prägenden Bedeutung. Kurz: das Home Office ist zu einer Chiffre der aktuellen Transformationsgesellschaft geworden. Dass es sich dabei um einen Prozess handelt, der noch in den Kinderschuhen steckt und dessen Rahmenbedingungen fließend sind, tut der Intensität der öffentlichen Debatte keinen Abbruch. Auch gibt es keinen Rechtsanspruch in Deutschland (wie seit 2015 etwa in den Niederlanden), ja noch nicht einmal eine verbindliche Terminologie, die Home Office, Teleheimarbeit, E-Work oder virtual work klarer beschreibt als eine vollständige oder alternierende berufliche Tätigkeit in Haus oder Wohnung, im Gegensatz zum betrieblichen Arbeitsplatz. Übrigens gibt es auch für die EU, geschweige weltweit, keine einheitliche Definition von Telearbeit und ihrer möglichen Ausprägungen. Nach der EU-Definition des „European Framework Agreement on Telework of 2002" ist Telearbeit das regelmäßige Arbeiten von Beschäftigten außerhalb des Firmenbüros mit Hilfe der Informations- und Kommunikationstechnologie. Selbstständige sind explizit ausgenommen!

Mehr Freiheit?

Der Stellenmarkt gilt als Indikator für die Entwicklung des Phänomens Home Office. Die ausgeschriebenen Jobs mit dieser Option haben stark zugenommen, seit Ausbruch der Pandemie hat sich deren Anzahl in Europa verdreifacht. Interessant: Wenn die coronabedingten Beschränkungen zurückgenommen wurden, veränderte sich das Home Office-Angebot nicht in gleichem Maße. In zahlreichen Län-

© Frank & Timme   Verlag für wissenschaftliche Literatur

dern wurden weiterhin gleich viele oder mehr Stellen ausgeschrieben. Mitentscheidend ist dabei ein Kriterium, das die Wissenschaft „Digital Readiness" nennt. Länder, in denen es einen guten Zugang zum Internet gibt, haben hier eine hohe Quote.

Home Office ist nichts für Lokführer, Fließbandarbeiter oder Club-Türsteher. Es ist eng verknüpft mit der Digitalisierung der (Arbeits-)Welt. Für den Publizisten, den Programmierer, den Designer ist es ein großer Gewinn an Freiheit und Flexibilität. Für die meisten Arbeitnehmer ist es aber eine subjektiv und objektiv starke Veränderung der Arbeitsroutinen. Auch wenn man dem Home Office positiv gegenüber steht, ist das nicht zu leugnen – und vor allem nicht zu unterschätzen. Deswegen wundert es nicht, dass unermüdlich Argumente und Erfahrungsberichte gesammelt werden, die zeigen sollen, wie Home Office Leben und Arbeit verbessert: Zeit- und Flexibilitätsgewinn, eine neue Agilität, mehr Freiräume und mehr Bequemlichkeit für die Familie sowie eine individuelle Produktivitätssteigerung für die Arbeitgeber sollen entstehen. Home Office macht frei! Laut einer Studie der Stanford Universität steigt die Produktivität im Home Office enorm. Außerdem wird von einer erhöhten positiven Bindung zum Unternehmen berichtet, verbesserte Selbstorganisation und erhöhte Arbeitszufriedenheit beobachtet. Im Grunde gebe es nur einen negativen Aspekt: das reduzierte Socializing.

Man darf fragen, von welcher Art Freiheit reden wir hier? Unser „Home" wird als ein System akzeptiert, das sich fremden Zwecken zur Verfügung stellt. Wir begeben uns freiwillig in ein Abhängigkeitsverhältnis. Also mehr Freiheit durch soziale Abhängigkeit? Wie kann diese Ambivalenz funktionieren? Etwa durch die „Verlockungen der Bequemlichkeit"? Bequemlichkeit ist eine menschliche Grundkonstante. Sie will Ruhe, Verharren, Sicherheit. Sie ist Anti-Neugierde, will kein Risiko, keine Veränderung. Jeder Orts- und Rollenwechsel ist eine Anstrengung, eine Vertreibung aus dem Paradies, dem Home. Diese Befreiung bezeichnet der Mensch gerne als Freiheit. Es ist eine Freiheit „von", aber keine Freiheit „zu". Freiheit wird hier nicht als Autonomie empfunden, sondern als Mittel zum Zweck. Der Beschäftigte verspricht sich einen Vorteil und zwar den, seinem Arbeitsplatz zu entfliehen. Das klingt vertraut. Die Studien zur Unzufriedenheit von Mitarbeitern sind zahllos. Wäre das Home Office so gesehen schlicht eine Flucht aus dem Zentrum der ungeliebten Old Economy in eine noch nicht wirklich vorhandene New Economy?

Entgrenzung

Dass der klassische Arbeitsplatz eine Stresszone sein kann, ist wohl-bekannt. Ist aber das Home Office der Gegenentwurf? Ein simples Bei-spiel: Wer zuhause arbeitet, spart den Weg zur Arbeit. Stimmt, ein ob-jektiver Zeitvorteil. Man kommt aus dem vertrauten Zuhause, vielleicht mit der Familie, und fährt in ein vertrautes Arbeitsumfeld, wo Kollegen warten. Dazwischen ist – Zeitverschwendung, überfüllter Nahverkehr, Stau. Oder? Empfinden das wirklich die meisten Menschen so? Oder ist hier Gelegenheit gegeben, ab- und umzuschalten, Dinge zu reflektieren, vielleicht sogar Inspiration zu tanken? Ist Home Office für Familien mit Kindern wirklich ein Erfolgsmodell, das die gemeinsame Zeit substan-ziell erhöht? Oder nimmt die sogenannte „Sorgearbeit" insbesondere für Frauen deutlich zu? Stärkt man die vielzitierte Work Life Balance, wenn man die beiden Lebensräume Beruf und Familie zusammenführt? Oder ist die Grundlage der Balance nicht eben jene Trennung, die nun – zwangsweise – aufgehoben wird? Ist also Work Life Distance, wie in Loriots wunderbarem Film „Papa ante portas", der Schlüssel zu famili-ärem Frieden? Oder der aus Unternehmenssicht entscheidende Faktor Produktivität: ist damit gemeint, dass mehr gearbeitet wird? Und sind die meisten Produkte und Dienstleistungen tatsächlich im Alleingang

© Frank & Timme   Verlag für wissenschaftliche Literatur

zu erstellen, oder ist Kooperation dabei nicht ein wichtiges Erfolgs-kriterium? In einer Home Office-Befragung des IFO-Instituts gaben 37 % der Manager an, dass sich die Arbeitsergebnisse der Beschäftigten verschlechtert haben. Demgegenüber gaben nur 18 % eine Verbesse-rung an. Bei Beschäftigten mit Kindern sahen 71 % der Manager eine Verschlechterung.

Wenn man der Meinung ist, dass das Home Office eine veritable Chiffre für die aktuelle Transformationsgesellschaft ist, stößt man in diesem Zusammenhang auf den Begriff der Entgrenzung. Dieser ist selbst eine genuine Vokabel der Transformation. Er bezeichnet einen Prozess, bei dem vormals gültige und nicht hinterfragte Grenzen ver-schwimmen oder gar aufgehoben werden. Die Soziologin Astrid Ebner-Zarl schlägt vor: „Entgrenzung bezeichnet das Brüchigwerden, die Verschiebung oder sogar die Auflösung von Grenzen im vielfältigsten Sinne: Diese Grenzen, die von Zerfallsprozessen betroffen sind, kön-nen z. B. entlang von räumlichen oder symbolischen Lebensbereichen verlaufen sein, entlang von Institutionen, Lebensphasen, Tätigkeiten, Rollen, Funktionen oder sozialen Klassen und Schichten." Der Begriff Entgrenzung legt dabei zumeist nahe, dass es sich um ein aktives Über-schreiten von Grenzen handelt, um eine freiheitliche, ja schöpferische Handlung. Der Mensch ist handelnder Teil des Transformationsprozes-ses. Was die Arbeitswelt betrifft, wird das Home Office häufig in dieser Hinsicht verstanden – oder jedenfalls interpretiert. Stichworte sind hier Eigenmotivation oder selbständige Sinnsetzung. Aber, selbst wenn man von Grenzen absieht, die gesetzliche Regelungen wie die Arbeitszeit oder betriebliche Zielvorgaben außen vor lassen, so dürfte der Frei-heitsgrad bei den meisten Tätigkeiten doch beschränkt sein. Im Engli-schen benutzt man eher neutrale Begriffe wie Work Life Blending oder Work Life Interface als das bei uns verwendete Work Life Balance, das a priori positiv konnotiert ist. Ist das fließende Ineinander-Übergehen von Berufs- und Privatleben zu begrüßen? Die traditionelle Trennung dieser beiden Bereiche ein Relikt des 19. Jahrhunderts, das überwunden werden muss? Oder kann man die Bedenken von Lisa Eckhart und Richard Sennett verstehen, die uns auf einem falschen Weg wähnen?

DiMiDo

Die Deutschen, so eine Befragung, würden momentan die 4-Tage-Woche einer Gehaltserhöhung vorziehen. Und sie würden am liebsten drei Tage arbeiten, Dienstag-Mittwoch-Donnerstag, DiMiDo. Würde eine solche Befragung im Winter, wenn die Preise weiter steigen, das Gas fehlt und Corona wieder spürbar ist, die gleichen Ergebnisse erbringen? Der Slogan „Arbeiten wo und wann man will!" klingt da wie bestellt. Wie immer man es betrachtet, für Unternehmen ist die Herausforderung gewaltig: Sie müssen ihre Arbeitskultur langfristig anpassen und sich fragen, wie viele Büroräume sie zukünftig noch brauchen, was gute Führung in einer Home Office-Welt bedeutet und wie betriebliche Kommunikation und Kooperation nachhaltig funktioniert. Wird das Jobticket durch einen Heizkostenzuschuss ersetzt? Braucht es Wiedereingliederungskurse in Sachen Büro-Etikette für Mitarbeiter, die aus dem Home Office zurückkehren? In Portugal darf der Chef nach Feierabend nicht mehr stören, die Mehrkosten für den privaten Arbeitsplatz muss der Arbeitgeber komplett übernehmen. Die Grenzen verschwimmen. Wenn es einen Rat gäbe, dann den, diese Transformation, diese Entgrenzung bewusst mitzuerleben. Die Wissenschaft ist sich jedenfalls einig, dass diese Entwicklung erst am Anfang steht. Was wir alle daraus machen, steht nicht fest. Eine Studie behauptet, dass 29 % der aus dem Home Office ins Büro Zurückgekehrten große Probleme bei Powerpoint-Präsentationen offenbarten. Sollte uns dieser Befund nicht Mut machen?

 © Frank & Timme   Verlag für wissenschaftliche Literatur

12 Das nicht fälschbare Leben

> Die Fälschung unterscheidet sich vom Orginal da-
> durch, dass sie echter aussieht.
>
> *Ernst Bloch*

Ist die Blockchain-Technologie ein nachhaltiger Paradigmenwechsel für
die globale Wirtschaft? Oder ist sie mit ihrer Fokussierung auf Kryptowährungen wie Bitcoin ein neues Las Vegas für Eliten, Hacker und
Superreiche? Wie wahrscheinlich ist es, dass sie die Märkte revolutio-
niert wie zuvor das Internet?

Heute muss das ehrenwerte Kerbholz nur noch als ein Zeichen des
Misstrauens herhalten, das unsere Vermutung nährt, dass sich jemand
etwas zuschulden kommen ließ. Aber das Wort hat auch bessere Zeiten
erlebt. Da ist beispielsweise die Geschichte über die Gründung der Bank
von England im Jahr 1696. Damals konnten Kerbstöcke des Königs als
Kapital – wie Gold! – hinterlegt werden. Und immerhin verwendete die
Bank diese „Technologie" bis ins Jahr 1826. Als man ungefähr zu dieser
Zeit zu der Ansicht kam, dass fortschrittlichere Methoden wie etwa
Journale mit doppelter Buchführung die Kerbhölzer ersetzen können,
vernichtete man diese in großem Maßstab. Auch die Bank von England
war daran beteiligt, als am 16. Oktober 1834 eine gewaltige Zahl von
Kerbhölzern im Hof des Palace of Westminster verbrannt wurde. Das
Feuer griff dabei auf das Parlamentsgebäude über, welches daraufhin
fast vollständig abbrannte. Übrig blieben zahllose offene Rechnungen
und Prozesse, die aus den Unstimmigkeiten zwischen neuer und alter
Finanzwelt erwuchsen.

Kerbhölzer waren längliche, mit Symbolen verzierte Brettchen oder Stöcke. Der Stock wurde anlässlich des Beginns eines Geschäfts längs gespalten und je eine Hälfte an Schuldner und Gläubiger gegeben. Wieder zusammengefügt zeigte das Kerbholz beim Ende des Geschäfts, wenn etwa Geld zurückgezahlt wurde, ob die beiden Hälften zusammengehörten und ob vielleicht versucht worden war, den Stock zu manipulieren. Bei Folgeschäften konnten weitere Kerben hinzugefügt werden. Im Mittelalter, in einem weitgehend schreibunkundigen und münzarmen Europa, war der Kerbstock ab dem 10. Jahrhundert gebräuchlich. Noch der *Code Napoléon* erwähnt ihn, sogar im 20. Jahrhundert fand er noch in der Almwirtschaft Verwendung. Das Kerbholz funktionierte jahrhundertelang als fälschungssichere Technik im Zahlungs- und Güterverkehr. Mit ihm war das Ideal verbunden, mit einem fälschungssicheren Instrument die Untiefen des Wirtschaftslebens zu umschiffen. Und zweifellos gebührt dem Kerbholz ein ehrenwerter Platz in der Gedenkhalle der Wirtschaftsgeschichte.

Das digitale Kerbholz

Die postmoderne Variante des Kerbholzes ist die Blockchain. Auch mit ihr sind große Hoffnungen verbunden, die Märkte zu revolutionieren und zu verbessern, die Geschäfte der Akteure zu erleichtern, (fälschungs)sicherer zu machen und allgemein die Kultur der Märkte auf ein neues Niveau zu bringen. Wenn man den Stand der Digitalisierung in Deutschland nach rund 20 Jahren Anlaufzeit betrachtet, wird man zu der Ansicht gelangen, dass es gute Gründe gibt, die Technologie der Blockchain nicht ebenso in Gesellschaft und Wirtschaft zu integrieren wie das Internet.

Bei der Blockchain wird eine Information in sogenannte Blöcke abgelegt. Die Art der Information ist dabei zweitrangig. Eine sogenannte Hash-Funktion wandelt einen Input (z. B. einen Vertrag) in eine Bytefolge mit fester Länge und Struktur um. Alles was in 40 Byte passt (vergleichbar der Beschränkung bei Twitter) kann verschlüsselt werden: Finanztransaktionen, Verträge, ein Testament, Aktien, Waren. Ein Block enthält zugleich immer eine (Transaktions-)Historie. Jeder neue Block ist verbunden mit dem vorhergehenden Block und enthält dessen Historie in Form einer Prüfsumme. Zusätzlich zur Prüfsumme des vorhergehenden Blocks enthält ein Block auch immer die Prüfsumme der gesamten Kette. Rein technisch betrachtet, ist die Blockchain eine verteilte Transaktionsdatenbank. Das Besondere ist ihr Aufbau: Sie wächst, indem sich ein digitaler Block an den anderen hängt. Damit hat jeder Block genau einen chronologischen Vorgänger und einen chronologischen Nachfolger. Mehr Verbindungen zwischen den Blöcken gibt es nicht. Die Verknüpfungen mit dem vorangegangenen und folgenden Block sind unlösbar. Aus dieser digitalen Verkettung entsteht ein globales Transaktionsregister. Es ist für die Teilnehmer (Nodes) wie ein gemeinsam genutztes, nicht veränderbares Ledger, also ein Buch, ein Konto, das den Prozess der Transaktionsaufzeichnung und -verfolgung z. B. in einem Unternehmen, erleichtert, indem es Risiken und die Kosten für alle Beteiligten verringert. **Denn:** Der Geschäftsbetrieb von Unternehmen basiert auf Informationen. Je schneller diese empfangen werden und je genauer sie sind, desto besser. Die größte Stärke der Technologie ist aber die Unveränderlichkeit der Daten. Transaktionen bilden eine irreversible Kette von Blöcken: Jeder zusätzliche Block verstärkt die Verifikation des vorherigen Blocks und damit die gesamte Blockchain. Dadurch ist bei der Blockchain jegliche Manipulation sichtbar.

Um an einem auf Blockchain basierenden System teilzunehmen, braucht es eine Zugangssoftware. Diese Zugangssoftware, die sogenannte Wallet, basiert auf einem Schlüsselpaar, bestehend aus einem privaten und einem öffentlichen Schlüssel. Der öffentliche Schlüssel ist für jeden sichtbar. Der private Schlüssel ist geheim und vergleichbar mit einem Passwort. Die Software ist frei zugänglich. Jeder Block wird verifiziert und versiegelt – und zwar von jemandem, den man Miner nennt. Prinzipiell kann das jeder sein, in der Praxis sind das IT-Spezialisten, die nichts anderes tun, als Rechenleistung zur Verfügung zu stellen und die Blöcke zu verifizieren. Die Miner agieren quasi als eine Art Buchhalter 4.0. Die riesigen Datenbänke von Blockchains liegen nicht auf einem Server oder bei einem Unternehmen, sondern sind über viele Computer verteilt. Es gibt niemanden, dem diese Journale gehören, keine Behörde, kein Unternehmen, keine Person hat Macht über die Daten. Jeder Teilnehmer hat die gleichen Zugriffsrechte und Möglichkeiten. Die Blockchain ist ein neutrales System der Informationsverarbeitung, welches niemandem gehört, nicht zu manipulieren oder zu hacken ist. So jedenfalls die Meinung derer, die von dieser neuen Technologie begeistert sind.

Ein byzantinischer Fehler?

Die Blockchain-Technologie wurde 2008 weltweit bekannt. Eine Person oder Gruppe mit dem Pseudonym Satoshi Nakamoto veröffentlichte die Software dafür unter dem Eindruck des Versagens von Banken und Regierungen während der Finanzkrise. Das erste und bis heute bekannteste „Produkt" ist die Kryptowährung Bitcoin. Aus der Skepsis gegenüber institutionellen Vermittlern resultiert das Open Source-Prinzip der Bitcoin-Blockchain: Das neue Transaktionsregister sollte keine zentrale Instanz mehr erfordern und offen sein für alle. Zwei Jahre später florierte bereits ein Krypto-Handel. Damals soll ein Mann für 10.000 Bitcoins zwei Pizzen gekauft haben. Heute wären die Teigwaren umgerechnet 130 Millionen Euro wert. 2017 konnten Mitarbeiter in der NordLB-Zentrale in Hannover das Kantinenessen an einem separaten

© Frank & Timme   Verlag für wissenschaftliche Literatur

Terminal mit Bitcoins bezahlen. Wegen der extremen Volatilität der Währung war das Experiment nur von kurzer Dauer.

Man kann heute eines feststellen: Von allen zweifellos faszinierenden Anwendungen der neuen Technologie ist die Kryptowährung die einzige, die sich durchgesetzt hat oder doch zumindest populär geworden ist. Was sagt das über die Blockchain aus? Ja, es gibt Schulungen, Webinare, Dienstleistungsangebote, aber von einer überzeugenden Durchsetzung im (Geschäfts-)Alltag ist die Technologie Lichtjahre entfernt. Dafür gibt es gute und schlechte Gründe. Blockchain hat das Potential, eine ähnliche Revolution zu werden wie das Internet Anfang der 90ger Jahre. So wie es heute eine global genutzte technische Grundlage für alle Anwendungen im Internet gibt, könnte Blockchain die technische Grundlage für den Zahlungs- und Warenverkehr werden. Auch das Internet entwickelte sich 10 Jahre lang schleppend. Heute sind unsere Autos, Häuser, Geräte und letztendlich wir alle miteinander vernetzt. Für Unternehmen muss deswegen gelten: Die Technologie zu ignorieren wäre fahrlässig, die unternehmerische Entscheidung, hier ins Risiko zu gehen, ist naheliegend. Es gibt die sogenannten byzantinischen Fehler, grob gesagt sind das solche Fehler, die nur sehr schwer zu erkennen und zu vermeiden sind. Die Ausgangssituation ist extrem komplex, und es ist nicht ausgeschlossen, dass falsch gespielt wird. Nicht umsonst hat die Bekanntgabe der Technologie ihren Ursprung in einer globalen Krise. Das vermindert indessen weder ihren Reiz noch ihr Potential.

Ein veganer Finanzmarkt?

Bereits heute ist die Blockchain als Experiment allerorten sichtbar. Beispiel Finanzbranche: Die Wertübertragung durch Banken als Intermediäre ist seit über 150 Jahren gleich. Blockchain kann das grundlegend ändern. Die Abwicklung von Transaktionen und die Übertragung von

Werten dauert in der Blockchain nicht mehr Tage, sondern wenige Minuten. Die NASDAQ hat eine Blockchain-basierte Handelsplattform geschaffen. In der Schweiz testet ein Konsortium aus 40 Banken diverse Blockchain-Lösungen. Da Kryptowährungen sich nahezu beliebig stückeln lassen und die bei einer Transaktion anfallenden Gebühren nur etwa ein Prozent betragen, sind sie prädestiniert für Micro-Payments und damit für digitale Güter wie Zeitungsartikel, Apps oder Musiktitel. In anderen Branchen, etwa der Musikindustrie geht es um das Verwalten von Rechten, im Vertragswesen, bei Versicherungen oder im Steuerrecht um Transparenz und Nachvollziehbarkeit. Ein über Blockchain abgewickelter Autokauf schaltet den digitalen Autoschlüssel für den neuen Eigentümer frei, nachdem der definierte Betrag auf dem Konto des Verkäufers eingegangen ist. Ein auf Blockchain basierendes Wahlsystem wäre nicht nur vor Manipulation geschützt, sondern auch anonym und ortsungebunden. Der Einsatz der Blockchain zur Integritätssicherung kann redundante Kontroll- und Validierungsprozesse minimieren, außerdem können elektronische Daten zum Beispiel per E-Mail versendet werden, ohne ihre Integrität zu gefährden. Kurz: Die Reputation etwa der gesamten Finanzbranche könnte eine neue Blüte erfahren, gewissermaßen vegan werden. Die Frage lautet: Will die Branche das? Das „Internet der Werte" würde Makler, Intermediäre jeder Art weitgehend überflüssig machen. Ist dieser riesige Strukturwandel gewollt?

Diskrete Medien

Es mutet absurd an, dass gerade eine Technologie des Internets ein Gegenentwurf zu den allgegenwärtigen sozialen Medien sein soll. Die Blockchain setzt auf unbedingte Diskretion, ihr Markenkern ist Fälschungssicherheit und Unveränderbarkeit. 1936 schwärmte Walter

 © Frank & Timme   Verlag für wissenschaftliche Literatur

Benjamin noch von der Aura des Orginals. Heute, in einer Zeit der Kopien und Fakes, könnte die Blockchain die Renaissance der Orginale bedeuten. Macht es einen Unterschied, ob wir die Kopie oder das Orginal idealisieren? Vielleicht eröffnet die neue Technologie etwas, das Michel Foucault eine Heterotypie nannte. Einen Ort, der nach eigenen Regeln funktioniert und doch unsere gesellschaftlichen Verhältnisse reflektiert. Er nennt sie auch „tatsächlich realisierte Utopien", deren jeweilige gesellschaftliche Bedeutung nicht statisch ist, sondern sich im Lauf ihres Fortbestehens verändern kann. Den Bedeutungswandel einer Heterotopie zu untersuchen bedeute, so Foucault, mehr über die Gesellschaft zu erfahren. Beispiele solcher Orte waren übrigens für ihn Theater und Kinos, aber auch Altenheime und Festwiesen.

13 Können wir Purpose kaufen?

Man könnte viele Beispiele für unsinnige Ausgaben nennen, aber keines ist treffender als die Errichtung einer Friedhofsmauer. Die, die drinnen sind, können sowieso nicht hinaus, und die, die draußen sind, wollen nicht hinein.

Mark Twain

Während ich zum Begriff „Purpose" recherchierte, stieß ich auf die Homepage eines bekannten „integrierten Technologiekonzerns". Ich las, dass sich das traditionsreiche deutsche Unternehmen als „namhafter Entwicklungspartner und Direktzulieferer der globalen Automobilindustrie und als führendes internationales Systemhaus für Sicherheitstechnologie" versteht und präsentiert. Im Header der Startseite parkt ein E-Auto, im Imagefilm, der die Vorstellung eröffnet, steht der Begriff „Sicherheit" im Mittelpunkt. Sicherheit, so könnte man es verstehen, ist der „Purpose", der Sinn und Zweck, der Kerngedanke der Existenz dieses Unternehmens. Sicherheit ist möglicherweise die Philosophie hinter dem Geschäftsmodell, der sinnstiftende Wesenskern, die Leitmaxime seines Handelns. Und es scheint nicht völlig abwegig, sich vorzustellen, dass das Thema Sicherheit im Herbst 2022 nicht nur in Deutschland ein attraktives und begehrtes Thema ist. Wenig verwunderlich also, dass der besagte Konzern soeben das Geschäft seines Lebens macht.

Start with Why

Purpose ist populär. Der Begriff lässt sich als bislang letzte Ausprägung des Gedankens verstehen, nach welchem ein Unternehmen mehr tun sollte, als Geld zu verdienen. Bereits 2019 veröffentlichten 181 US-amerikanische CEO's eine Erklärung zum „Purpose of a Corporation", die im Kern die Abkehr vom Shareholder Value, der maximalen Wertsteigerung des eingesetzten Kapitals forderte. Was natürlich kein wirklich neuer Gedanke ist. In den Nachkriegsjahrzehnten des 20. Jahrhunderts konnten sich Unternehmen noch darauf verlassen, dass die Nachfrage größer war als das Angebot. Produktion war entscheidend. Spätestens aber seit den 70er Jahren waren Sättigungseffekte zu beobachten, Konkurrenzkampf war das Gebot der Stunde und die Konsumenten begannen, wählerisch und selbstbewusst zu werden. Ende des Jahrhunderts prägten sozialkritische und ökologische Aspekte immer mehr die Sicht auf Unternehmen, die nun dazu übergingen, ihre kooperative Rolle in der Gesellschaft zu betonen: aus der Shareholder-Perspektive wurde die Stakeholder-Perspektive. Der Unternehmenszweck rückte ins Rampenlicht. Bereits zum Millenium wurde auf Basis der Triple Bottom Line „Profit, People, Planet" eine Verschiebung der Akzente weg von der Profitmaximierung gefordert. Simon Sineks Bestseller „Start with Why" von 2009 beflügelte die Diskussion und führte zu einer breiten Abkehr von dem alten „The Social Responsibility of Business is to increase its Profits" hin zum „the traditional purpose of companies has developed into a higher purpose".

Was ist dieser „higher purpose", dieser höhere Zweck eines Unternehmens? Die Wissenschaft unterscheidet den kommerziellen Zweck (commercial purpose), der den Unternehmenserfolg im Blick hat, vom kollektiven oder höheren Zweck, der das Allgemeinwohl, die Gesellschaft, die Welt, den Planeten als Referenz versteht. Der Commercial Purpose weist große Ähnlichkeit mit der Mission auf. Der Collective

© Frank & Timme   Verlag für wissenschaftliche Literatur

Purpose „beschreibt den grundlegenden Existenzgrund mit klarem Bezug zu einem gesellschaftlichen Mehrwert, der über die Bedürfnisbefriedigung von Kunden hinausgeht". Kurz: mit dem Purpose-Gedanken blickt das Unternehmen über seinen Tellerrand hinaus. Dieser Ansatz ist, nicht nur in der Praxis, schwer zu unterscheiden von dem, was Unternehmen unter dem Begriff (Social) Responsibility tun. Nimmt man nur diesen Aspekt in den Blick, ist Purpose nicht mehr und nicht weniger als die Wahrnehmung der sozio-ökologischen Verantwortung. Allerdings kommen noch zwei weitere Aspekte hinzu.

Transformation und Führung

Purpose kann für Unternehmen ein Instrument der Selbstreflexion und der Transformationsgestaltung sein. Heute verändern sich Märkte, Kundenanforderungen, Wertschöpfungen und Geschäftsmodelle. Nicht selten verändern sich das „Was" und „Wie" eines Unternehmens, die Identität wird einer schwierigen Neuausrichtung unterworfen. Mitarbeitern geht die Sicherheit verloren, Führungskräften die Souveränität. Ein starker. erlebbarer Purpose kann hierbei Orientierung bieten, er kann als Stabilisator und als Bindemittel der Organisation weiterhelfen. Voraussetzung dafür ist allerdings, dass dieser Purpose überzeugend ist. Es ist eine anspruchsvolle Aufgabe, die Vergangenheit, Gegenwart und Zukunft einer Organisation so zu verbinden, dass Plausibilität entsteht, die mehr ist als bloße Begrifflichkeit.

An diesem Punkt wird das Thema Führung essentiell. Purpose ist immer persönlich! „We spend most of our waking lives at work, so it's important that we do what we love and love what we do", hat Richard Branson einmal gesagt. Der Purpose ist ein Eckpfeiler einer modernen und vor allem menschlichen Arbeits- und Führungskultur. Für viele Generationen waren wirtschaftliche Anreize der primäre Sinn der

Arbeit, und Mitarbeiter suchten vor allem ein sicheres Auskommen. Heute ist der Zusammenhang zwischen Gehalt und Jobzufriedenheit ein anderer. Werte und Ziele junger Generationen haben sich grundlegend verändert. Es geht nicht zuletzt um eine Arbeitsstelle, in der sich Menschen einbringen und mit ihrem Tun identifizieren können. Der Purpose ist ein erster, wichtiger Anknüpfungspunkt (nicht nur) für Mitarbeiter. Einem sinnhaften Unternehmenszweck schließt man sich gerne an, Loyalität und (Selbst)-bewusstsein folgen.

Die Sache mit dem Sinn

Man könnte also denken, dass die Entwicklung eines zeitgemäßen Purpose eine zentrale Antwort ist auf die Herausforderungen der Transformationsgesellschaft. Wer einen überzeugenden und gut kommunizierbaren (höheren) Sinn für seine Organisation findet, kann das als Wettbewerbsvorteil verbuchen. Allerdings: Warum sollte sich ein Unternehmen fragen, welche Daseinsberechtigung es hat? Und welche sollte es sein, außer der, die es bereits aufweist?

In seiner existenzanalytischen Sinntheorie hat der österreichische Psychotherapeut Viktor E. Frankl folgende Idee entwickelt: Jeder Mensch – und darüber hinaus jede menschlich begründete Organisation – schöpft, unabhängig von Anlagen und Möglichkeiten, von kultureller Herkunft, die Kraft aus einer einzigen „Lebensquelle". Diese Quelle ist die Sinnhaftigkeit der Existenz. Anders: Die Existenz des Menschen ist um dessen Sinn herum aufgebaut und zentriert. Wer psychisch krank wird, so Frankl, tut dies, weil diese Sinn-Zentrierung, beispielsweise durch eine Krise oder massive Veränderung, Schaden genommen hat. Für den Psychotherapeuten Frankl besteht die Behandlung, seine Logotherapie, darin, die Sinnleere wieder zu füllen. Wem der Zugang zum Sinn verloren gegangen ist, der muss sich zuerst den

Zusammenhang zwischen Sinn und Krise/Krisenbewältigung bewusst machen. Der Mensch muss wieder für Sinnzusammenhänge sensibilisiert werden. Genau das ist der Ausgangspunkt für Unternehmen, wenn sie einen neuen Purpose initiieren wollen.

Nicht zufällig hatte Frankls Sinntheorie großen Einfluss auf die Pädagogik. Denn seine Lehre lässt sich nicht nur auf Kranke anwenden, sondern stellt die Sinnfrage in den Mittelpunkt jeder Entwicklung menschlicher Anlagen und Fähigkeiten. Aber – das große „Aber" – woher kommt, woher nimmt man diesen Sinn? Ist es möglich, dass, wie man manchmal hoffnungsfroh sagt, ein Unternehmen sich „neu erfinden" kann? Und damit auch einen ganz neuen Lebenssinn, eine Bestimmung und Bedeutung gewinnt? Tatsächlich finden weder Menschen noch Organisationen einen wirklich neuen Sinn. Sie können einen beliebigen Sinn vorgeben, aber dann scheitern sie. Erfolgreich ist die Sinnsuche und -kreation nur, wenn der neue Sinn mit dem alten kompatibel ist.

Ein Beispiel: Eine der großen Erfolgsgeschichten der letzten 20 Jahre in der deutschen Finanzbranche war die DiBa, heute ING. Aus einem gewerkschaftsnahen Nischenanbieter (BSV) in den 60er Jahren des 20. Jahrhunderts wurde innerhalb eines Jahrzehnts die aktuell nach Kunden drittgrößte Bank Deutschlands. Neben der Kapitalausstattung durch den niederländischen Mutterkonzern (die ING hatte die damalige BSV 1998 übernommen) war ein Faktor entscheidend für diesen in der deutschen Finanzbranche einzigartigen Erfolg verantwortlich: die besondere Unternehmens- und Kundenkultur. Initiator war Ben Tellings, der 2003 als CEO zur Bank gekommen war. Er richtete das Unternehmen um einen neuen Purpose herum aus, den „Fair Deal". Er besagte: Die Bank verhält sich fair gegenüber ihren Mitarbeitern, diese verhalten sich fair gegenüber der Bank. Die Bank bietet einen guten Arbeitsplatz, ein gutes Gehalt und Sicherheit, die Mitarbeiter bieten Leistung und Loyalität. Gleiches galt im Grundsatz für die Beziehung

Bank/Kunde, für die enge Verbindung zum Verbraucherjournalismus, für die „FAIRantwortung" der Bank. Tellings stand für diesen „Deal", ebenso sein Nachfolger Roland Boekhout. Dieser Purpose, der verinnerlicht und gelebt wurde, war lange Zeit die Basis für eine in der Branche ungewöhnliche, ja atypische Performance. Gespeist wurde er aus einer Vergangenheit (gewerkschaftlicher Natur), die in den neuen Purpose integriert werden konnte und Leitfiguren, die diesen Purpose glaubwürdig und überzeugend vertraten. Kann man sagen, dass die ING in einer günstigen Lage diese Erfolgsgeschichte „kaufte", durch eine geschickte Investition? Ja, ohne die Initiative und das Geld der Niederländer wäre die Bank nicht zu einer ersten Adresse in der deutschen Finanzszene geworden. Aber Initiativen und Investitionen gab es viele. Wirklich herausragend war, dass die Handelnden, die Verantwortlichen den Mut und die Integrität besaßen, einen New Deal, einen „Fair Deal" als Purpose zu schaffen.

Sinn und Wahrheit

Martin Heidegger hat Wahrheit als „Unverborgenheit" verstanden. Der Gedanke hat den Charme, dass man Wahrheit sozusagen neutral betrachten kann, ohne Wertung und Ausschluss. Sinn und Wahrheit gehören zusammen. Einen Sinn hat nur Wahres, letztlich Unverborgenes. Sinn ist nicht beliebig, man kann ihn nicht ertricksen. Egal, wie viele E-Autos auf einer Firmen-Website zu sehen sind, egal wie eloquent man über Sicherheit redet und vorgibt, dass Sicherheit für den Purpose der Organisation von zentraler Bedeutung ist: Dieser Purpose, um den Kreis dieses Artikels zu schließen, ist für ein Rüstungsunternehmen wie Rheinmetall der falsche.

© Frank & Timme   Verlag für wissenschaftliche Literatur

14 Intelligenz 2.0

> „Das Problem ist nicht das Problem. Das Problem ist
> deine Einstellung zu dem Problem."
>
> aus dem Film *„Fluch der Karibik"*

Wenn ich mit meiner Frau beim Frühstück sitze, ergibt sich manchmal folgender Streit. Ich frage: Hast du gut geschlafen? Und sie antwortet, indem sie auf ihre Smartwatch guckt: Nein, nicht wirklich, nur vier Stunden und zwölf Minuten. Dann sage ich: Aber wie fühlst du dich? Gut, sagt sie dann. Und ich: Also könnte deine Uhr auch daneben liegen? Nein, ist ihre Antwort, sie kann mir ganz genau sagen, wie lange ich geschlafen habe. Und ich: Wer weiß, was diese Uhr unter „Schlafen" versteht! Das ist doch Unsinn, sagt dann meine Frau, greift zum Handy und googelt, mit welchen Sensoren die Smartwatch den Schlaf analysiert: Siehst du, sie registriert Bewegungs- und Herzfrequenzmuster und den Atemrhythmus. Ja, aber das sagt doch wenig darüber aus, wie du deinen Schlaf empfindest! Hier steht, es gibt ein Barometer, ein Gyroskop, einen geomagnetischen Sensor, einen Hallsensor, einen Annäherungssensor und einen Lichtsensor. Du benutzt doch auch das Barometer auf unserer Terrasse! Das stimmt, mache ich noch einen Versuch, aber wenn es regnet, werde ich zweifelsohne nass, ob ich aber gut oder schlecht schlafe, kann mir kein Instrument sagen, sondern nur mein Gefühl. Du und deine Gefühle, sagt dann meine Frau und verlässt das Zimmer.

Bei diesem kleinen Streit sind wir mitten im großen Thema „Künstliche Intelligenz (KI)". Genauer gesagt bei der „schwachen" KI, die wir inzwischen permanent nutzen: der Staupilot, das Fitness-Armband, die meinen Interessen angepasste Werbung. Und natürlich Google, Alexa, Siri & Co. Wir reden über diese schwache KI wie übers Wetter, die Nationalmannschaft und die Mode. Eine prägende Diskussion bleibt aus, bestenfalls fragt man sich, warum die USA Tiktok verbieten wollen. Das mag auch daran liegen, dass Europa es gewohnt ist, seit dem Millenium digital abgehängt zu sein. Auch in Sachen KI humpelt der alte Kontinent wieder chancenlos hinterher. Wirklich alarmierend ist allerdings ein anderes Defizit: Neben der schwachen KI gibt es die starke KI, die Künstliche Intelligenz, von der Stephen Hawking sagte, sie sei „das Beste oder das Schlimmste, was der Menschheit passieren kann". Worum geht es? Auch wenn es keine einheitliche Definition gibt, lässt sich ausreichend beschreiben, was mit dem Begriff gemeint ist. Als Ursprung der Entwicklung gilt ein Treffen von diversen US-Forschern, darunter John McCarthy und Marvin Minsky, im Jahr 1956, die laut Metzlers Philosophie-Lexikon überlegten, ob „Denken auch außerhalb des menschlichen Körpers möglich sei". Konkret: Kann man denkende Computer bauen bzw. können Computer Dinge tun, die bislang von Menschen ausgeführt werden? Generell beschäftigt sich die KI-Forschung mit der Frage, ob menschliche Fähigkeiten und schließlich die Intelligenz selbst maschinell nachgeahmt werden – oder gar von einer „intelligenten" Maschine übertroffen werden können. Und da dieses Forschungsgebiet weit über die technischen Gimmicks unseres Alltags hinausgeht und unzählige philosophische, psychologische und soziologische Probleme kreiert, ist Europa sehr wohl in der Pflicht, hierbei voranzugehen.

Stand der Dinge

Im November 2021 hat die UNESCO den ersten global gültigen Völkerrechtstext zur ethischen Entwicklung und Nutzung von KI verabschiedet, der zugleich einen ersten Regulierungsrahmen skizziert. Ein

© Frank & Timme   Verlag für wissenschaftliche Literatur

von der deutschen UNESCO-Kommission daraufhin beauftragtes Gutachten kommt zu dem Fazit: Es besteht großer Handlungsbedarf! Zur Zeit arbeitet die EU einen Vorschlag für ein KI-Gesetz aus, den AI Act. Und das Beispiel Tiktok zeigt, dass zwar die USA und China Europa momentan technologisch weit voraus sind, aber auf dem Gebiet der Regulierung und intellektuellen sowie gesellschaftlichen Verarbeitung des Themas sich in guter Position befindet.

Wie zumeist, sind viele Unternehmen schon weiter. Im KI-Kodex von Bosch findet sich etwa zum Leitmotiv „Technik fürs Leben" der Satz: „KI soll nicht ohne eine menschliche Kontrollinstanz über den Menschen entscheiden, sondern dem Menschen als Werkzeug dienen." Nimmt man das ernst, stellt sich die Frage, ob es hier um eine KI geht, die genau das nicht macht oder kann, was Sinn und Zweck aller KI-Forschung ist, nämlich eigenständiges Denken und Handeln. Hier ist eine breite Diskussion notwendig, an der Gesellschaft, Politik, Wissenschaft und Unternehmen beteiligt sind. Und es gibt Ansätze: Seit 1988 gibt es das DFKI, das Deutsche Forschungszentrum für KI, es gibt seit einigen Jahren das Hessische Zentrum für Künstliche Intelligenz, und es gibt diverse privat initiierte Akademien und Einrichtungen. Zu häufig bewegen sich die aktuellen Diskussionen aber auf dem Niveau von Hondas Roboter ASIMO, der dem Betrachter die Zukunft verkauft, tatsächlich aber nur innerhalb programmierter Szenarien agiert. Natürlich verdienen solche technischen Entwicklungen Aufmerksamkeit, sie bereichern unseren Alltag. Wie die inzwischen unverzichtbare Cloud, das „Internet der Dinge", das die reale und virtuelle Welt vernetzt und nützliche *Wearables* kreiert oder die „Augmented Reality", die reale und virtuelle Informationen kombiniert, um eine Realitätserweiterung zu ermöglichen. Aber – es fehlt eine breite Auseinandersetzung mit den fundamentalen Fragen, die die KI aufwirft.

Wie künstlich ist Intelligenz?

Wir reden erst seit der vorletzten Jahrhundertwende von „Intelligenz". Von Anfang an umfasste der Begriff ein Bündel von Fähigkeiten bzw. Eigenschaften eines Menschen. Wie löst er Probleme? Nicht nur mathematische oder wissensbasierte, sondern auch emotionale, soziale, sinnorientierte Probleme. Wir benutzen den Begriff noch immer, auch wenn die Wissenschaft heute ein gutes Dutzend Dimensionen „fluider und kristalliner" Intelligenz unterscheidet. Wir benutzen ihn, auch wenn er aus den lateinischen Wörtern „inter" und „legere" zusammengesetzt ist, wonach man Intelligenz als die Fähigkeit des Zwischen-den-Zeilen-Lesens verstehen könnte, was der Generation Instagram vermutlich kurios erscheinen dürfte. Und wir benutzen den Begriff, der aus der Psychometrie der Hirnregionen stammt, immer noch so, als wäre Intelligenz tatsächlich messbar, obwohl jeder von uns doch bereits erlebt hat, dass sich die besten Hirnregionen vieler Menschen in ihren Herzen oder Bäuchen befinden. Der Trend geht in die entgegengesetzte Richtung: Vor dem Hintergrund der Möglichkeiten, immer größere Datenmengen (Big Data) zu verarbeiten und praktisch einzusetzen, fokussieren wir uns auf Quantitäten und Messbarkeiten. Mit dem *Solutionismus* regiert eine *Ideologie* der Weltverbesserung durch *Big Data*: Alle Probleme lassen sich lösen, wenn man nur ausreichend viele Daten einem *Algorithmus* übergibt, der daraus die beste Lösung errechnet. Es gibt kein Scheitern mehr, keine Fehler, es gibt nichts auf der Welt, das nicht durch Daten erfasst werden könnte.

Aber stimmt das, fragt sich die Schweizer Digitalexpertin Cornelia Diethelm? Oder „erfassen Daten nur einen Teil des Lebens?" Und vor allem: Was sind das für Daten, die dort verarbeitet werden? Für Diethelm hat der Solutionismus zwei entscheidende Haken: 1. Er ist diskriminierend, weil er auf korrumpierten Daten basiert, beispielsweise die von „alten weissen Männern". Nicht, weil das so gewollt wäre, sondern

 © Frank & Timme   Verlag für wissenschaftliche Literatur

weil andere Daten nur minimal zur Verfügung stehen. Und 2. „tendieren KI's zum Durchschnitt", da sie auf statistischen Modellen basieren und „in Glockenkurven denken". Das fördert Standardisierung und verhindert Vielfalt. Larry Page, einer der Gründer von Google, hat einmal geschrieben: „Künstliche Intelligenz wäre die ultimative Version von Google." Der alten, nur Gott zugeschriebenen Fähigkeit der Allwissenheit könnte sich endlich jeder Mensch erfreuen. Wer wollte das nicht? Nun, es gibt den Gegenentwurf namens „Deep Thougt". Das ist ein Supercomputer, dem in Douglas Adams Roman „Per Anhalter durch die Galaxis" die Frage aller Fragen gestellt wird, „nach dem Leben, dem Universum und dem ganzen Rest". Nach lediglich 7,5 Millionen Jahren präsentiert Deep Thougt den Menschen das Ergebnis: 42! Auf deren Unzufriedenheit reagiert er mit der Bemerkung, das Problem sei, dass man sich zu sehr auf Antworten (Data!) konzentriere und zu wenig auf die richtigen Fragen.

Der KI-Forscher Christian Bauckhage dagegen freut sich, dass die Entwicklung der kommenden fünf Jahre „alles in den Schatten stellen werde, was wir vorher gesehen haben" – und zwar in der Geschichte der Menschheit. Gemeint ist das Entstehen eines Bewusstseins in der Maschine, das Entstehen einer „Singularität". Sind wir also in genau der Situation, in der sich Gott bei der Erschaffung des Menschen befunden hat? Denn in einem altmodisch analogen Sinne haben wir in den letzten paar tausend Jahren die Rolle gespielt, die nun für die KI vorgesehen ist. Wir haben gelernt und gelernt, uns weiterentwickelt, immer mehr Wissen gesammelt, unseren freien Willen ausgereizt und uns zahllosen vermeintlichen Vollkommenheitsidealen verschrieben. Wir haben exakt das gemacht, was wir von der KI erhoffen. Und wenn wir Gott – ganz synodal korrekt – fragen könnten? Na, wie zufrieden bist du mit uns? Ein Stern? Drei Daumen hoch? Hast du gewusst, dass wir dich abschaffen werden? Hast du gewusst, dass wir jede kleinste Kleinigkeit, die du als Gimmick in die göttliche Schöpfung implementiert hast, als potentielles Ärgernis ansehen würden, als Grund dafür, es mit unserer eigenen Schöpfung besser zu machen? Das sogenannte Paradies-Paradoxon wird dem russischen Ökonomen Wassily Leontief zugeschrieben. Für diesen ist „die Geschichte des technologischen Fortschritts im Grunde die Geschichte der menschlichen Rasse, wie sie langsam, aber sicher versucht, den Weg zum Paradies wieder zu finden". Und er stellt sich die Frage: Was passiert, wenn die Menschheit das schafft? „Alle Güter und Dienstleistungen wären verfügbar, ohne dass dafür Arbeit notwendig wäre, und niemand würde einer Erwerbsarbeit nachgehen". Eine Welt, in der die KI uns alles abnimmt, wir nicht mehr arbeiten müssten – wäre eine solche Welt ein Paradies oder ein Hospiz?

Ethischer Autopilot?

Wer über (vor allem starke) KI spricht, muss über Ethik sprechen. Die ethische Beurteilung hängt primär davon ab, ob über Objekte oder Subjekte gesprochen wird. Denn die KI kann entweder (als Objekt) lediglich menschliche Intelligenz *simulieren* oder – worauf Christian Bauckhage abzielt – Intelligenz *realisieren*, also (als Subjekt) Menschen zugedachte Handlungen stellvertretend ausführen. Nur ein Beispiel: Eines der meistzitierten Szenarien in Deutschland beschäftigt sich mit der Idee des autonomen Fahrens. Hier ist die Entwicklung durch viele Assistenzsysteme schon fortgeschritten. (Dabei wollen wir außen vorlassen, dass es ähnliche Diskussionen bezüglich der Autopiloten in Flugzeugen oder Schiffen nicht gibt.) Immer wieder wird folgende Situation diskutiert: Ein KI-pilotiertes Auto überfährt einen Passanten. Wer ist schuld? Wer trägt Verantwortung? Was sind die Konsequenzen? Und auch wenn das Szenario verdächtig nach Fragestellungen für Wehrdienstverweigerer aus den 80er Jahren klingt, ist es im Kern wichtig und bedeutsam. Es zeigt vor allem, wie komplex das Thema ist, an

 © Frank & Timme   Verlag für wissenschaftliche Literatur

dem Technologie, Ethik, Politik und Wirtschaft eng verzahnt beteiligt sind. Hier nur eine Anmerkung: Eine ähnliche und deswegen hilfreiche Konstellation weist die Eltern-Kind-Beziehung auf. Verursacht das Kind einen Schaden, stellt sich die Frage, wer haftet. Hier kommt es darauf an, ob den Eltern eine Verletzung der Aufsichtspflicht nachgewiesen werden kann. Eltern haften somit nicht direkt für ihr Kind, da vor dem Gesetz jeder Mensch nur für sich selbst verantwortlich ist. In diesem Zusammenhang wird häufig zwischen „Accountability", also Haftbarkeit und „Responsibility", also Verantwortung unterschieden. Das erlaubt, sich weniger auf eine normative Behandlung von KI festzulegen, als vielmehr einen lebensweltlichen, dem griechischen Ethos, der Sittlichkeit verpflichteten Gebrauch zu bevorzugen.

Es mag zu denken geben, dass fast alle KI-Geschichten, von Fritz Langs Metropolis, über Blade Runner, Welt am Draht, Wargames, Terminator oder Matrix zu Dystopien, zu negativen Szenarien neigen. Die breite gesellschaftliche Diskussion, wie gesagt, steht noch aus – und die Bedenken scheinen, neben aller Begeisterung nicht unbegründet zu sein. Der israelische Schriftsteller Juval Noah Harari bringt diese Bedenken in einem bewegenden Gedanken auf den Punkt: „Sie wollen wissen, wie superintelligente Cyborgs gewöhnliche Menschen aus Fleisch und Blut behandeln könnten? Fangen Sie besser damit an, zu untersuchen, wie Menschen ihre weniger intelligenten tierischen Vettern behandeln. Das ist natürlich keine perfekte Analogie, aber es ist der beste Archetyp, den wir tatsächlich beobachten können, anstatt ihn uns nur vorzustellen."

15 Unternehmen in der Rhetorikfalle

Wer auf andere Leute wirken will, der muss erst einmal
in ihrer Sprache mit ihnen reden.

Kurt Tucholsky

In Monty Pythons Film „Das Leben des Brian" wird der junge Aktivist
Brian mit einer heiklen Aufgabe betraut: er soll im römisch besetzten
Judäa die Stadtmauer mit ein paar romkritischen Parolen versehen.
Seine Aktion geht schief, er wird entdeckt. Doch die Römer verhaf-
ten Brian nicht etwa, sondern kritisieren die falsche Grammatik seiner
Graffitis. Als Strafe muss er mit zahlreichen korrekten Deklinationen
einen riesigen Teil der Mauer beschriften. Die Kunst der korrekten und
schönen Rede ist im antiken Rom so wichtig, dass sie selbst gemeine
Soldaten höher schätzen als die Bedeutung dessen, was gesagt oder
geschrieben wird – geschweige denn die Motive, Folgen oder Intentionen der Kommunikation. Das mag heute, angesichts der exzessiven
sprachlichen Niveaulosigkeiten in den sozialen Medien verwundern.
Es verweist aber auch auf eine „Kunst", die in Vergessenheit geraten
oder pervertiert wurde: die Rhetorik. „Das Sprechen einer Sprache ist
ein Teil einer Tätigkeit oder einer Lebensform", schrieb der österreichische Philosoph Ludwig Wittgenstein. Ist es nicht rätselhaft, dass wir in
der ausgeprägtesten Mediengesellschaft aller Zeiten leben, uns aber das
Handwerkszeug der Kommunikation, von ihrer Kunst ganz zu schweigen, abhandengekommen ist? Ist beispielsweise der Rede- oder besser
Schweigestil eines Olaf Scholz ein Indiz dieser These?

Rede oder Kunst

In Europa begann die Geschichte der Rhetorik im antiken Griechenland. Die Tyrannenherrschaft war beseitigt, große Teile der Bevölkerung wurden durch Institutionen an der Macht beteiligt. Der Handel erblühte, der Einfluss der Adligen schwand, die politischen Einrichtungen wurden durch eine breite Öffentlichkeit gelenkt. Die Volksgerichte etwa, um Korruption zu verhindern, setzten sich aus Vertretern zusammen, die erst unmittelbar vor der Verhandlung per Los bestimmt wurden. Diese Zeit des öffentlichen Streits und Interessengegensatzes ist die Geburtsstunde der Rhetorik. Sie versetzt die Bürger in die Lage, sich im öffentlichen Disput zu behaupten. Georgias, einer der berühmtesten Rhetoriklehrer dieser Zeit, vergleicht die Redekunst mit Giften: ihre Wirkung kann krank machen oder heilen, je nach Dosis, Intention und Geschick des Redners. Die Kritik der Rhetorik hat sich bis heute wenig verändert: für Platon etwa verschleiert sie das Wahre, für Aristoteles hingegen schafft sie die Möglichkeit, zwischen verschiedenen Standpunkten abzuwägen. Ihre größte Blütezeit erlebte die Rhetorik in der Zeit der römischen Republik, der Philosoph und Politiker Cicero hinterlässt das wohl ausgefeilteste Lehrgebäude, in dem der „perfectus orator" mit hoher Allgemeinbildung und hohem moralischem Verantwortungsbewusstsein dem Ideal des „vir bonus", des guten Menschen folgt. Dieses Lehrgebäude ist auch die Grundlage des hohen Ansehens der Rhetorik im Mittelalter, in welchem neben der Universitätsausbildung im Speziellen die Predigt Ausdruck großer Redekunst wird.

Besonders in Deutschland kommt es seit dem 18. Jahrhundert zu einer starken Ablehnung der Rhetorik, ja einer Verachtung. Die Aufklärung sieht in ihr eine Hürde für das Streben nach unbedingter Wahrheit, einen Garant für tradierte und nicht mehr zeitgemäße Erkenntnisse, einen Bremsschuh des Fortschritts. Die Romantik spricht ihr die Authentizität der Gefühle ab, kritisiert ihre Künstlichkeit und Manipulati-

 © Frank & Timme   Verlag für wissenschaftliche Literatur

on von Verstand und Herz. Anders als beispielsweise in England, wo der Parlamentarismus eine demokratische Debattenkultur etabliert, bleibt in Deutschland nur noch die Kanzel als ihr Refugium. Gewissermaßen den Todesstoß versetzt der Rhetorik in Deutschland die Zeit des Nationalsozialismus. Sie wird mit Demagogie, Massenverführung und der Rechtfertigung des nicht zu Rechtfertigenden verknüpft. Seitdem gibt es nur noch Rhetorik light: als Sprecherziehung, als Besinnungsaufsatz im Schulunterricht – und natürlich als Werkzeug des Wirtschaftswunders, als Verkaufs*argument* der Erfolgreichen. Kurz: In der Antike entfaltet sich die Rhetorik primär im politischen, im Mittelalter im religiösen Raum. Heute sehen wir ihren Schwerpunkt einerseits in den Medien, andererseits – immer stärker – in der Wirtschaft.

Der Rhetor Dieter Bohlen

Ein wesentliches Dilemma, das sich heute zeigt, besteht darin, dass grundsätzlich unterschieden wird zwischen denen, die andere zu überzeugen versuchen, den geschickten Rhetoren, den womöglich gewissenlosen Manipulatoren auf der einen Seite – und den beeinflussten, womöglich verführten Hörern und Lesern auf der anderen Seite. Diese Sichtweise setzt voraus, dass es jene gibt, die die rhetorische Kunst beherrschen und die anderen, die ihr ausgesetzt sind. Der deutsche Philosoph Peter Lothar Österreich hat hierzu schon vor 30 Jahren einen spannenden Gedanken geäußert. Er vertritt das Konzept der sogenannten „Fundamentalrhetorik". Es besagt im Kern, dass wir alle, jeder Mensch, Rhetoriker sind. Österreich differenziert die Rhetorik-Techniken, das Rhetorik-Wissen, deren Ethik und wissenschaftliche Einordnung in der Philosophie – und schließlich die lebensweltliche Rhetorik, die wir alle praktizieren, indem wir reden bzw. kommunizieren. Man stelle sich den Musiker und Vollzeitprominenten Dieter Bohlen vor, ausgestattet mit rudimentären sprachlichen Fähigkeiten, ohne rhetorisches Fachwissen oder philosophische Reflexion – aber mit einer wirkungsvollen, einzigartigen Ausdrucksweise, die seiner Lebenswelt entstammt. Sein provokativer, beleidigender Stil, seine Gestik, deren markantes Faustballen etwa unverwechselbar wurde, all das zeigt ihn als „geborenen" Rhetor. Und Bohlens Fähigkeiten, sagt Österreich, haben wir alle – mal ausgeprägter, mal weniger ausgeprägt. Und wir haben sie, weil die Rhetorik quasi zur Grundausstattung des sprachbegabten Menschen zählt. Sie ist nur in der Regel deswegen weniger wirkungsvoll, weil es ihr im Alltag – wie das bei allen Tätigkeiten und Talenten der Fall ist – an regelmäßiger Übung und an geschulter Finesse fehlt. Das auszugleichen erfordert ein „Naturtalent" wie das von Dieter Bohlen.

Ich sage: Kaufen!

In Deutschland gibt es lediglich fünf Universitäten, an denen Rhetorik gelehrt wird. Die Universität des Saarlandes und die Universität Koblenz-Landau, die die Rhetorik zeitgemäß mit der Unternehmenskommunikation verbinden, sind sich in ihren Zielen einig: „Die Studierenden sollen die Fähigkeit erwerben, Kommunikationsprozesse und Anlässe zu analysieren, kritisch zu bewerten und Konzepte für ihre Gestaltung zu entwickeln. Im Studium geht es auch darum, selbst kommunikativ auf professionellem Niveau zu agieren und die eigenen rhetorischen Fähigkeiten zu trainieren." Ihr Ausbildungsprofil hat Jobs wie Pressesprecher oder Mitarbeiter in Kommunikationsabteilungen im Visier.

Aber es gibt daneben eine Unzahl von Aus- und Fortbildungen, Coachings, privaten Lehrveranstaltungen und Vorträgen selbsternannter Fachleute, die sehr erfolgreich die „Tipps&Tricks", das „Einmaleins" der Rhetorik vermitteln. Allen gemeinsam ist folgender Grundgedanke: Die Aufgabe der Rede ist es, den Zuhörer von einer Aussage zu überzeugen

 © Frank & Timme   Verlag für wissenschaftliche Literatur

und/oder zu einer Handlung zu bewegen. Wie die Wissenschaft sagt: rhetorischer Sprachgebrauch ist wirkungsorientiert. Ein Beispiel: Jede Form von Werbung ist im Kern auf persuasive Einflussnahme ausgerichtet und profitiert daher in beträchtlichem Maße von rhetorischen Einsichten. Überall, wo auf dem Wege überzeugender Kommunikation zum Erwerb von Produkten oder Dienstleistungen angeregt werden soll, bietet die Rhetorik nützliche Konzepte für zielführende Strategien, Gestaltungstechniken und Vermittlungswege. Die Rhetorik liefert dabei nicht nur analytisches Handwerkszeug zur Erstellung von Zielgruppenprofilen, sondern auch Vorschläge zur konkreten Planung und Umsetzung entsprechender Werbestrategien. Rhetorische Erkenntnisse helfen bei der Formulierung wirksamer Slogans, tragen zur gezielten Etablierung von Marken bei und treiben die Vermittlung kaufentscheidender Botschaften voran. Über die Werbekommunikation hinaus findet die Rhetorik in der Wirtschaft diverse Anwendungsfelder. Schon in der Positionierung und Ausrichtung eines Unternehmens bedarf es des rhetorischen Denkmodells: Wann immer Manager oder Unternehmensberater, Geschäftsführer oder Beauftragte für Public Relations über Strategien oder Techniken sprechen, betreten sie rhetorisches Terrain. Ob es darum geht, Beschäftigte des eigenen Unternehmens für den gemeinsamen Erfolg zu motivieren, neue Märkte auf dem Wege moderner Kommunikationsmittel zu erschließen, Verhandlungen mit Zulieferern, Abnehmern und Wettbewerbern zu führen oder das Image des Unternehmens zu optimieren – rhetorische Kenntnisse können den gewünschten Erfolg entscheidend beeinflussen.

Das zweite Dilemma besteht darin, dass offenkundig eine fast vollständige Fokussierung auf die persuasiven Mittel der Rhetorik, auf die Redekunst als Über-Redungskunst vorherrscht. Das ehemals ganzheitliche Verständnis der Rhetorik, ihr Wert und ihre Gründung in Ethik, Verantwortung und sozialer Kompetenz wird ausgespart. Perpetuiert wird der Dualismus vom (Über)-Redenden, dem modernen Verkäufer, und vom Überredeten, dem (was auch immer) Kaufenden. Unternehmen wären gut beraten, sich zu fragen: Welches Rhetorikverständnis liegt meiner Kultur zugrunde?

Selbstbewusstes Understatement

Nach den Legionen an Rhetorik-Führern und -Ratgebern „strebt alles Reden zum Überreden", so der deutsche Germanist Ewald Geißler. Unternehmen sollten sich dieses Zitat aus der Mitte des letzten Jahrhunderts nicht zum Motto machen. Ein Rückgriff auf Aristoteles ist da hilfreicher, der die Ordnungsfunktion der Rhetorik betont: es ist hilfreich, wenn man die Argumente, die Sichtweisen, die Erfahrungen und Ideen ordnen und einzuordnen vermag. Hierbei leistet Rhetorik wertvolle Dienste. Was man betont, wiederholt, ausschmückt, weglässt, humorvoll, anklagend oder begeistert vorträgt – es sollte dazu dienen, das Verständnis des Zuhörers, des Lesers zu fördern und es so einfach wie möglich zu machen. Niklas Luhmann plädiert dafür, dass man sich „nicht der Räsonanz, sondern vielmehr der Resonanz verpflichtet fühlen" müsse. Rhetorik nicht als Machtmittel verstanden, sondern als eine Form, vielleicht sogar als eine Kunst der Dienstleistung. So verstanden und ausgeübt ist die Rhetorik ein überaus wertvoller Beitrag für eine kooperative und dialogische Unternehmenskultur. Sie erlaubt es, mit jeder Zielgruppe, jedem Partner, in jeder Situation und mit dem passenden Ton zu kommunizieren. Wenn wir die Idee der Fundamentalrhetorik ernstnehmen, machen wir uns die Mühe, mit jedem – ob Mitarbeiter, Chef, Ehefrau, Polizist, Kind oder Kassiererin – so zu reden, dass wir die größte Chance haben, verstanden zu werden. Und das wird nur funktionieren, wenn wir verstehen, wer uns da gegenübersteht. Oder, wie Friedrich Nietzsche anmerkt, er erwarte von einem guten Rhetor, dass er „ebenso gerne zuhören als selbst sprechen" wolle.

 © Frank & Timme   Verlag für wissenschaftliche Literatur

16 Tu dir Gutes und rede darüber

Geld ist schlecht, wenn es andere haben.

Mark Twain

Der deutsche Komiker Johann König erzählt in seinem aktuellen Programm, wie er angesichts der krisengeprägten Gegenwart den Entschluss fasst, sich bewusst mit Finanzfragen auseinander zu setzen. Klimakrise, Krieg, politische Achterbahnfahrten – König hat das Gefühl, dass er seiner Familie und sich selbst es schuldig ist, sich nicht mehr naiv und beiläufig mit Geld beschäftigen zu dürfen, sondern eine Strategie entwickeln zu müssen. Er will sein Geld vermehren. Zugleich möchte er aber nicht nur gewinnorientiert agieren, sondern auch verantwortungsbewusst. Seine Lösung: ein fairer Fonds, der verspricht, ethische Standards zu berücksichtigen und Investitionen in das auszuschließen, was König ablehnt. Beispielsweise die Abholzung des Regenwaldes. Auf der Bühne erklärt der Komiker seinem Publikum in bester Finanzberater-Manier die Funktion eines solchen Fonds. Um fair gegenüber Mensch und Natur zu sein, investiert der Fonds nicht in Unternehmen, die an der Abholzung des Regenwaldes beteiligt sind. Sollte ein Unternehmen daran beteiligt sein, verlangt der Fonds, dass bei der Abholzung keine Ureinwohner vertrieben werden. Sollte dies trotzdem geschehen, stellt der Fonds sicher, dass diese Ureinwohner artgerecht vertrieben werden. Sollte das nicht möglich sein, greift die freiwillige Selbstverpflichtung des Fonds und entschädigt sie angemessen. König lobt zuletzt die Fondspolitik, die bei einer solchen Entschädigung auf Schnaps, Zigaretten und Casinogutscheine setzt. Sein Argument: Der Fonds fördert schließlich die Geselligkeit der Ureinwohner.

Auch wenn König das Thema zynisch überzeichnet, bleibt festzuhalten, dass der Trend zu ethischen Geldanlagen inzwischen nicht mehr zu ignorieren ist. Der Mensch der Gegenwart möchte investieren, sein Geld sichern und vermehren – und zugleich Gutes tun, Welt und Mitmenschen fair behandeln. Ethisches Investment ist keine Erfindung der Gegenwart. Bereits im 18. Jahrhundert schlossen Glaubensgemeinschaften Investitionen in Brauereien, Rüstungsunternehmen, Glücksspiel und Prostitution aus. In der Mitte des 20. Jahrhunderts entwickelte die US-amerikanische Bürgerrechtsbewegung aus dem Ansatz ein politisches Instrument im Kampf gegen die Unterdrückung von Afro-Amerikanern und gegen den Vietnamkrieg. Dass übrigens die Ursprünge ethischer Investments sich im größten Kapitalmarkt der Geschichte finden, mag ein Bonmot der Geschichte sein.

Seit den *1990er* Jahren spielt Kritik an der *Globalisierung* und der Ausweitung spekulativer Finanztransaktionen eine zunehmende Rolle für ethisch motiviertes Investment. Dazu kommt verstärkt der Aspekt des Klimawandels. Die seit 2010 aufgekommene *Divestment*-Bewegung richtet sich vor allem an *institutionelle Anleger* und will diese dazu bewegen, Investitionen aus der fossilen *Energiewirtschaft* abzuziehen und möglichst in klimafreundliche oder wenigstens klimaneutrale Anlagen umzuschichten.

Gute Gewinne

Der Markt für nachhaltige Geldanlagen boomt. Die Idee des ethisch nachhaltigen Investments basiert auf der Überzeugung, dass man durch die Art der Investition wirtschaftliche Abläufe und Zustände und damit auch die Lebenswelt mitgestalten kann. Nachhaltigkeit erweitert das *magische Dreieck der Geldanlage* – Sicherheit, Verfügbarkeit, Ertrag – um Kriterien aus den Bereichen Umwelt (Environment), So-

   © Frank & Timme   Verlag für wissenschaftliche Literatur

ziales (Social) und Unternehmensführung (Governance) – den sogenannten ESG-Kriterien, auch SRI (socially responsible investment).
In allen wichtigen Märkten gibt es Indizes für nachhaltige Anlagen,
die als Benchmark für ein ethisches Investment dienen. Beispiele für
nachhaltige Indizes sind der Dow Jones Sustainability Index, der FTSE-
4Good Global Index oder der Natur-Aktien-Index.

Allerdings: Es gibt keine einheitliche Definition für nachhaltige
Geldanlagen. Ein Beispiel: Der Frankfurt-Hohenheimer Leitfaden
(FHL) zur ethischen Bewertung von Unternehmen wurde im Zusam-
menwirken von Ökonomen, Philosophen, Ethikern und Theologen entwickelt. Der FHL wurde 1997 der Öffentlichkeit vorgestellt und gilt mit
über 800 Bewertungsaspekten als der umfassendste Kriterienkatalog für
ethische Investments. Er dient Rating-Agenturen als Grundlage für die
Bewertung von mittlerweile mehr als 1000 Unternehmen. Über 30 Pub-
likums- und Spezialfonds treffen auf dieser Basis ihre Entscheidungen.
800 Kriterien – wie praxistauglich kann das sein? Außerdem: In der
Regel wird in jedem ESG-Rating z. B. ein Umweltschaden mit einem
positiven Umgang mit der eigenen Belegschaft aufgerechnet. Wenn
man Unternehmen bevorzugt, welche ihre Mitarbeiter zwar fair bezahlen und sich für gute Arbeitsbedingungen einsetzen, aber „umwelt-
schädlich" produzieren, entsteht ein Spannungsfeld. Das sollte Anlegern
bewusst sein. Sie sollten prüfen, wie das Nachhaltigkeitsverständnis des
Finanzanbieters oder des Produktes ist und ob die Anwendung der Ansätze zu den eigenen Vorstellungen passt.

Dabei möchten immer mehr Menschen mit Ihrem Geld einen positiven Beitrag leisten. Dies zeigt *eine Umfrage des Verbraucherzentrale
Bundesverbandes (vzbv) aus dem Jahr 2020*: Danach ist jeder zweite Verbraucher grundsätzlich bereit, Geld nachhaltig anzulegen. 69 Prozent
der Befragten erwarten, dass diese Geldanlagen einen messbaren Beitrag
zum Erreichen von Nachhaltigkeitszielen leisten sollten. Ab 2022 müssen
Anbieter aufgrund des EU-Aktionsplans „Finanzierung nachhaltigen

Wachstums" in Beratungsgesprächen die Nachhaltigkeitspräferenzen von Anlegern abfragen. Verfolgt man indessen die Atomstrom-Debatte etwa zwischen Frankreich und Deutschland, sind Zweifel an der Umsetzung angebracht. Die ab 2023 geltende neue Taxonomie-Verordnung der EU für nachhaltige Investments muss ihre Wirksamkeit ebenfalls noch beweisen. Bleibt für Anleger noch der Blick in kritische Informationsquellen wie NGO Facing Finance, Dirty Profit Report, Faire-Fonds.info, Fair Finance Guide International oder den Nachhaltigen Warenkorb der Stiftung Warentest, um sich ein Urteil zu bilden.

Immerhin kann man sich für einen strategischen Standpunkt entscheiden. Es wird zwischen „vermeidenden", „fördernden" und „Engagement"-Strategien unterschieden. Die vermeidende Strategie meint den Ausschluss bestimmter Bereiche, wie z. B. Investitionen in Staaten, in denen die Menschenrechte verletzt werden oder in Unternehmen mit gesundheitsschädlichen oder umweltschädlichen Produkten. Dieser Ausschluss erfolgt anhand von Ausschlusskriterien oder Negativkriterien. Bei Ausschlusskriterien werden Unternehmen oder Branchen komplett von Investitionen ausgeschlossen. Bei Negativkriterien werden Unternehmen anhand bestimmter Toleranzgrenzen bewertet. Beim fördernden Ansatz fließt das Geld in Projekte oder Unternehmen mit einem besonderen ökologischen oder sozialen Nutzen für Umwelt und Gesellschaft. Beliebt ist der Best in Class-Ansatz. Hier werden die jeweils nachhaltigsten Investitionsmöglichkeiten innerhalb eines Bereichs definiert. Mit aktivem Engagement schließlich verfolgen Investoren das Ziel, Einfluss auf Unternehmen oder Staaten zu nehmen, um deren Aktivitäten hinsichtlich ökologischer, ethischer oder sozialer Kriterien positiv zu beeinflussen. Druckmittel ist hier nicht nur das zu investierende Kapital, sondern vor allem der Imageverlust in der Öffentlichkeit. Alle drei Strategien schützen selbstverständlich nicht davor, dass das Investment nicht exakt so gemanagt wird, wie man es sich wünscht.

© Frank & Timme   Verlag für wissenschaftliche Literatur

One step back

Wer sich mit ethischen Investments beschäftigt, beschäftigt sich am Ende mit Geld. Deswegen ist es naheliegend, sich darüber klar zu werden, welche Grundentscheidungen wir in Bezug auf dieses Thema bereits getroffen haben. Die Wirtschaftswissenschaften verstehen Geld als Mittel, Waren und Dienstleistungen zu tauschen und deren Wert festzulegen. Geld ist aber weitaus mehr. Eine der wichtigsten Quellen zu dieser Frage ist Georg Simmel, der 1900 seine „Philosophie des Geldes" veröffentlichte. Das Buch erklärt nicht wie die Wirtschaftswissenschaften, was Geld ist, sondern fragt, „wie sich Geld auf den Lebensstil und die Beziehungen der Menschen auswirkt". Für Simmel ist Geld ein Surrogat: es hat die individuelle Freiheit gefördert, aber es füllt auch eine Leere, die durch den Verlust persönlicher und religiöser Bindungen entstand. Geld ist für ihn ein moderner Gott, erst Tauschmittel, dann Selbstzweck, dann Religionsersatz. Nichts ist so spirituell wie die Zahlenkolonnen auf dem Kontoauszug! Seine Argumentation geht so: Wenn übergeordnete Instanzen wie Religion keine Geltung mehr haben und die individuelle Freiheit der höchste Wert ist und Geld mir die höchstmögliche Ausübung dieser Freiheit erlaubt, dann ist Geld vor allen anderen Dingen erstrebenswert. Wenn viel Geld viel Wert bedeutet, nivelliert sich der Wert der Dinge. Was wertvoll ist, richtet sich nach dem Preisschild. Ist das aber wirklich so einfach?

Man könnte das Geld als ein großes neutrales Medium bezeichnen. Simmel sagt: „Das Geld hat jene sehr positive Eigenschaft, die man mit dem negativen Begriff der Charakterlosigkeit bezeichnet." Geld ist charakterlos oder, anders ausgedrückt, die einzige Qualität des Geldes besteht in seiner Quantität. Wie jedes andere Medium erlangt es Charakter durch seinen Gebrauch. Verbergen nicht auch z. B. die atemberaubenden Fortschritte in der Kommunikationstechnik die Tatsache, dass es vor allem darauf ankommt, was man sich zu sagen hat – und nicht mit welchen technischen Mitteln das geschieht? Mit dem Geld ist es genauso. Und mit den ethischen Investments auch: Es ist als würde ein Casinobesucher sich entscheiden, nicht mehr an den großen Tischen zu spielen, sondern sich mit den Spielautomaten zu begnügen. Letztlich verlässt er das Casino nicht. Der Volksmund sagt: Über Geld spricht man nicht. Was für eine fatale Weisheit! Schon für Platon war klar, dass es eine offenkundige Korrelation zwischen Geld(-erwerb) und Tugend gibt. Ethische Investments sind Investments, keine moralisch begrüßenswerten Handlungen. Und das ist vollkommen in Ordnung – man sollte nur darüber genauso sprechen!

Wir sehen, die kulturelle Vielfalt einer Gesellschaft hängt stark von einem funktionierenden Geldsystem ab. Geld beschert Macht und Status, nicht automatisch unverdient. Und es ist ein zivilisatorischer Fortschritt, dass wir begehrte Dinge anderen nicht wegnehmen, sondern etwas für sie eintauschen bzw. bezahlen. Wir sehen aber auch, Intimität, politischer Einfluss oder akademische Titel können gekauft werden. Wenn das Vermögen von Personen oder Staaten wächst, wächst dann auch der allgemeine Wohlstand, entwickelt sich die Gesellschaft weiter? Die Sache ist die: Das Sein und der Wert der Dinge sind voneinander unabhängige Phänomene. Der Wert eines Objekts zählt, etwa im Unterschied zur Farbe oder Größe, nicht zu seinen Eigenschaften. Das Begehren des Subjekts macht das Objekt wertvoll. Je größer die Hindernisse (teuer, selten, verboten) es zu bekommen, desto größer der Wert. Der Wert zeigt sich im Preis und im Opfer, das wir bringen, ihn zu erlangen. Simmel „So ist es nicht deshalb schwierig, die Dinge zu erlangen, weil sie wertvoll sind, sondern wir nennen diejenigen wertvoll, die unserer Begehrung, sie zu erlangen, Hemmnisse entgegensetzen." Grundlage dafür, ob ethisch plausibel oder nicht, ist das Geld. Wenn die Kriegskasse leer ist, bleibt der Krieg aus. Die einzig relevante Entscheidung – möglicherweise auch in einem ethischen Sinne – ist es, Investment, Begehren und Opfer gegen- oder miteinander abzuwägen.

   © Frank & Timme   Verlag für wissenschaftliche Literatur

Für Niklas Luhmann ist Geld das Medium der Gesellschaft für die Verteilung knapper Güter. Was wäre, wenn wir das Gut begehren würden, das für uns den höchsten Wert und zugleich den höchsten Preis hätte: den Frieden? Wie hoch wäre für dieses Gut unser ethisches Investment?

17 Etwas von Bedeutung

Try to say something that matters.

Lisa Miskovsky, Lady Stardust

Wir sind alle der Meinung, dass es Dinge gibt, die wir für den Augenblick tun: essen, schlafen, arbeiten. Und dass es Dinge gibt, die eine Bedeutung haben über den Augenblick hinaus: etwas erschaffen, zu lieben, sich einer Sache verpflichten. Aber was, wenn Bedeutung nur eine Illusion wäre? In der Comic-Verfilmung der Superman-Geschichte aus dem Jahr 2013 „Man of Steel" wird die Offenbarung des Helden ein wenig neu erzählt. Der ist gerade den Menschen freundlich und kooperationsbereit gegenübergetreten und sitzt nun mit der Reporterin Lois Lane, seiner Vertrauensperson, in einer militärischen Einrichtung. Er trägt seine Berufsbekleidung, Lois zeigt auf das Symbol auf seiner Brust und fragt: Was bedeutet das S? Und er antwortet: Das ist das Symbol meiner Familie, des Hauses El. Es ist kein S, sondern das Zeichen für Hoffnung. Nun, sagt daraufhin Lois, hier auf der Erde ist es ein S. Kurze Zeit später bekommt Kal-El den Namen Superman.

Nach den Regeln eines korrekten Erstkontakts hätte Superman also eigentlich, sagen wir Hopeman heißen müssen, manche mögen das bedauern, andere begrüßen. Jedenfalls beginnt die Geschichte zwischen Superman und den Menschen mit einer kleinen semantischen Schieflage. Und es ist sehr menschlich allzu menschlich, dass sie nicht verhindert, dass beide Seiten zu einer wunderbaren Beziehung finden. Vielleicht mag das auch ein wenig Hoffnung für das Gender-Thema spenden.

Man kann Organisationen, Unternehmen so verstehen, dass diese zwei wichtige Aufgaben haben. Die eine befasst sich mit dem Tagesgeschäft, mit dem Management, mit den Dingen des Augenblicks. Die andere Aufgabe thematisiert den Unternehmenszweck, seine Geschichte, seine Visionen, Werte und Kultur. Erfolgreiche Unternehmen bringen diese beiden Aufgaben in eine gute Balance. Beide Aufgaben haben ihre Bedeutung. Es geht nicht darum, dass die eine Bedeutung wichtiger wäre als die andere, sondern dass man ihre Balance versteht – und lebt.

Corporate Meaning

Unternehmen sind gut beraten, sich darüber klarzuwerden, was für sie von Bedeutung ist. Und was für sie Bedeutung ist. Auf der Adidas-Website fordert das Unternehmen seine Stakeholder auf „find meaningful ways to take action". Ist die Antwort darauf bei einem Sportartikelhersteller naheliegend? Unternehmen vermeiden es, direkt zu sagen, was für sie von Bedeutung ist. Sie sagen, was sie tun. Und was sie mit diesem Tun bewirken wollen. Sie geben bereitwillig Auskunft über das, was sie aus ihrer Sicht Bedeutendes für die Welt schaffen. Etwa Deutsche Post/DHL: „Wir sind DAS Logistikunternehmen für die Welt. Wir wollen unsere Kunden, Mitarbeiter und Investoren erfolgreicher machen – ohne Kompromisse bei den Resultaten. Zentrale Bedeutung haben dabei die beiden Säulen Brief und Logistik". Oder: „Wir bei Infineon verbinden unternehmerischen Erfolg mit verantwortungsvollem Handeln, um das Leben einfacher, sicherer und umweltfreundlicher zu machen". Die Latte liegt dabei in der Regel sehr hoch, etwa: „Die Deutsche Bank ist dazu da, um Wirtschaftswachstum und gesellschaftlichen Fortschritt zu ermöglichen". Unternehmen geben vor, dass die Dinge des Augenblicks, die sie tun, in Wirklichkeit Dinge sind über den Augenblick hinaus. Und dass das, was sie tun, für die Welt mehr (Sicher-

 © Frank & Timme   Verlag für wissenschaftliche Literatur

heit, gesellschaftlicher Fortschritt) bedeutet, als das (Halbleiterproduktion, Kontoführung), was es tatsächlich ist. Haben wir die Möglichkeit herauszufinden, ob das stimmt? Oder ist der Anspruch unfair oder naiv? Ist es ein berechtigtes Anliegen, dass man die Bedeutung auch sehen, beweisen, erfahren kann? Was wäre dafür ein gutes Beispiel?

Real oder Nominal?

Mit dem Begriff Bedeutung macht man, so könnte man sagen, ein sehr großes Fass auf. Er ist einer der roten Fäden, die die Geistes- und Kulturgeschichte durchziehen. Wie zumeist gibt es zwei Lager. Und es ist nicht klar zu erkennen, welches Lager die besseren Argumente hat oder die Wirklichkeit besser beschreibt. Der Dissens ist bekannt als Universalienproblem oder Universalienstreit. Er hat weit über 2000 Jahre auf dem Buckel. Die scheinbar simple Frage lautet: Gibt es Allgemeines wirklich oder sind Allgemeinbegriffe menschliche Konstruktionen?

Als Universalien werden Allgemeinbegriffe wie „Mensch" und „Menschheit" oder mathematische *Entitäten* wie „Zahl" bezeichnet. Ein Allgemeinbegriff bezieht sich auf Merkmale, die mehrere Gegenstände gemeinsam haben, etwa deren rote Farbe. Oder er erfasst eine gemeinsame Gattung von Individuen, wie etwa „Lebewesen". In der Philosophie wird seit der *Antike* diskutiert, ob Universalien eine *ontologische Existenz* haben, platterdings real sind, oder ob es sich um reine *Begriffsbildungen* des Verstandes handelt. Ausgangspunkt der Debatte über die Universalien ist die *Ideenlehre Platons*, der die These vertrat, dass *Ideen* eine eigenständige Existenz haben. Neben den Ideen Platons wurden vor allem *Regeln, Tugenden* oder *Werte als Universalien verstanden*. Die Position, die von deren *Existenz* ausgeht, wird *Realismus* genannt. Die Vertreter der Gegenposition, des Nominalismus, sind der Auffassung, dass alle Allgemeinbegriffe gedankliche *Abstraktionen* sind. Realität kommt nach Auffassung von Nominalisten nur Einzeldingen zu.

Ein klassisches Beispiel: Wir wollen einen Teller herstellen. Der kann aus Porzellan, Holz oder Glas bestehen. Er kann kreisförmig, eckig oder oval sein. Diese Merkmale ergeben am Ende seine Gestalt, das, was wir mit unseren Sinnen wahrnehmen können. Wie aber kommt man überhaupt darauf, einen Teller zu machen? Muss es nicht eine Vorstellung geben, dass es nützlich wäre, sein Essen nicht in der Hand oder auf dem Boden zu deponieren, sondern auf einer transportablen kleineren Fläche? Muss es nicht die Idee vom „Wesen" des Tellers geben, bevor man daran geht, ihn herzustellen? Wer jetzt sagt – „klar, irgendjemand ist irgendwann einmal auf die Idee gekommen, dass wir komfortabler Nahrung zu uns nehmen können, wenn es so etwas wie Teller gibt" – der ist ein Realist. Wer aber meint, dass wir einfach für das, was irgendwann mal erfunden wurde, den Begriff Teller – als Name für eine Gruppe von Gegenständen – eingeführt haben, der ist ein Nominalist. Und, ja, das ist knifflig!

Wie wirklich sind Werte?

Wenn es um Unternehmen geht, kann man sich in Sachen Universalien der Einfachheit halber auf Werte konzentrieren. Legionen von Beratern, Managern und Professoren haben im Laufe der Zeit und weltweit unzählige Wertekonzepte und -kanons entwickelt – die sich, nicht überraschend, zumeist sehr ähneln. Die Deutsche Bank hatte noch Anfang des 21. Jahrhunderts in der Frankfurter Konzernzentrale ihre Werte in der Eingangshalle der Doppeltürme in Stein gemeißelt. Auch wenn das vielleicht des Guten etwas zu viel war, muss man doch sagen, dass die Digitalisierung nicht dazu geführt hat, dass man nun Werte wech-

 © Frank & Timme   Verlag für wissenschaftliche Literatur

selt wie Kleider. Obwohl das Update einer Website weit leichter zu bewerkstelligen ist als der Austausch von Begriffen in einer Steinwand, versuchen Unternehmen weiterhin, ihren Werten eine möglichst lange Lebensdauer zu bieten. Was zeigt, dass Unternehmen daran gelegen ist, über die Dinge des Augenblicks hinaus für sich eine allgemeine Bedeutung ihrer Tätigkeiten zu reklamieren. Das geschieht nicht zufällig und nicht ohne Eigeninteresse. Wenn Verallgemeinerungen wirklich sind, haben sie eine viel größere Autorität, als wenn sie von (immer wieder neuen) Interpretationen und Urteilen abhängen. Wenn wir davon überzeugt sind, dass ein Unternehmen unser Leben einfacher oder die Welt besser macht, dann beeinflusst das die Reputation und die Wahrnehmung dieser Firma auf eine sehr viel nachhaltigere und komplexere Weise, als wenn wir aufgrund einzelner Interaktionen geprägt würden. Auf der Henkel-Website liest man, dass man „verbunden (sei) durch eine starke Unternehmenskultur, einen gemeinsamen Unternehmenszweck und gemeinsame Werte". Es macht einen großen Unterschied, sowohl für Henkel als auch alle Stakeholder, ob man der Meinung ist, dass diese Werte wirklich, real und immer die Grundlage allen Handelns bilden – oder im jeweiligen Einzelfall gelten oder nicht gelten. Ein konstituierendes Merkmal von Wirklichkeit ist deren identitäre Kontinuität. Unsere Welt ist nicht heute so und morgen anders. Und wir auch nicht. Das machen sich Unternehmen zunutze – und setzen sich damit gleichzeitig enorm unter Druck. Man könnte auch positiv sagen: Sie üben sich so in freiwilliger Verantwortung. Je bewusster und konsequenter das gemacht wird, desto überzeugender ist das Bild des jeweiligen Unternehmens, unabhängig von der Beliebigkeit der Werte bzw. Universalien selbst.

Bedeutung und Krise

Ob Unternehmen eher real oder nominal denken und handeln, zeigt sich auffällig in Krisen. Krisen verführen dazu, sich obsessiv mit den Einzeldingen zu befassen und einen weiten Bogen um das Allgemeine zu machen. Je größer die Krise, desto stärker der Anschein, dass wir sie bewältigen, wenn wir nur dieses eine kleine Problem, diese einzelne Hürde überwinden. Wir tun so, als würde die Welt aus unzähligen Einzelteilen bestehen (was stimmt) und nicht auch aus großen wirkmächtigen Gemeinsamkeiten, die soviel mehr verändern können als die Verbesserung oder Verschlechterung eines einzelnen Umstands. Wir frönen der berühmten „Salamitaktik" und arbeiten uns an einer (mehr oder weniger wichtigen) Einzelheit ab. Instinktiv wissen wir, dass diese Einzelheit, mit der wir uns gerade befassen, die Krise nicht bewältigen kann. Aber sie verschafft uns vermeintlich Zeit, sie verführt uns dazu, Dinge kleinzureden – siehe der Hoechst-Störfall 1995 in Frankfurt am Main, der als „minder giftig" (also giftig) beschrieben wird. Krisen funktionieren konnotativ, nicht denotativ. „Minder giftig" war sachlich korrekt, aber kommunikativ fatal. Die Hauptbedeutungen von Sprache (Denotationen) sind oft von geringerer Bedeutung als ihre Nebenbedeutungen (Konnotationen). Bedeutung ist nicht statisch, sondern permanent in Gebrauch. Was mitgemeint ist oder als Kontext bereits vorhanden ist, geht über die nominale Bedeutung hinaus. Wir können die banalsten Aussagen treffen und damit die Welt beschreiben. Und wir können etwas von scheinbar epochaler Bedeutung sagen und damit nur Achselzucken ernten. Ein viel genutztes Beispiel: Eine Frau sagt während der Autofahrt plötzlich zu ihrem Mann „Die Ampel ist rot". Dieser Satz ist als eine lapidare Aussage über einen Zustand, eine Realität zu verstehen: die Ampel ist rot. Und doch – wieviel mehr an Bedeutung steckt in ihr? Die Frau hätte alternativ rufen können: Stopp! Dass sie den Satz „die Ampel ist rot" wählte, sagt das etwas über ihre

   © Frank & Timme   Verlag für wissenschaftliche Literatur

Beziehung zu ihrem Mann aus? Bedeutet es etwa, dass sie resigniert hat, da ihr Mann nicht auf das achtet, was sie sagt? Oder ist es freundliche Ironie, weil ihr Mann kein guter Autofahrer ist und eben manchmal zu spät reagiert? Bedeutung ist zu respektieren, was nicht heißt, dass dieser Respekt immer gewünscht oder angebracht wäre. Als Haltung kann er aber den Unterschied ausmachen. Welchen Namen hätten wir Superman gegeben?

18 Warum wir sind was wir tun

> Handlung wird allgemein besser verstanden als Worte.
> Das Zucken einer Augenbraue, und sei es noch so un-
> scheinbar, kann mehr ausdrücken als hundert Worte.
>
> *Charlie Chaplin*

Man schreibt das Jahr 1977. ln den USA kommt ein neuer Film in die Kinos: „Saturday Night Fever". Er fällt kaum auf, kaum jemand sieht ihn. Das liegt vor allem daran, dass man 18 sein muss, um ihn sehen zu dürfen. Erst die Jugendfreigabe sorgt für volle Kinos und den Beginn einer der großen Erfolgsgeschichten der Filmindustrie. Die Welt tanzt auf die Musik der Bee Gees, alle wollen so sein wie John Travolta. Als man den allerdings fragt, wie es war, bei den Dreharbeiten zu den Bee Gees zu tanzen, beichtet er, dass er das gar nicht getan habe. Er habe auf ganz andere Musik getanzt, z. B. auf Stevie Wonder. Grund dafür war die Post-Production, während der die Musik der Brüder Gibb erst eingefügt wurde. Und man darf fragen, ob wohl der Film mit der Musik von Stevie Wonder genauso erfolgreich geworden wäre? Oder ob John Travolta einfach tanzt wie er tanzt, ganz gleich welche Musik spielt?

Vermutlich (und wohl glücklicherweise) hat John Travolta damals nicht über Grundfragen der Handlungstheorie nachgedacht. Die Geschichte hat aber viel mit dem Thema zu tun. Wir handeln, und zwar permanent, und aus unseren Handlungen bilden sich die Welt, in der wir leben und – wir selbst. Wie aber steht es um die Verbindung dieser Handlungen mit dem, was sie initiiert: unser Wille, unsere Motive, unsere Ideen? Wie steht es um die Frage, ob *wir* es tatsächlich sind, die etwas wollen, es tun und dann sehen, dass das Gewollte so aussieht wie das, was wir uns vorstellten? Die Handlung, unser Tun, ist die Wetterscheide zwischen unserem Bewusstsein und der realen Welt. Für Unternehmen, anders als für buddhistische Mönche, ist das eine zentrale Frage. Denn Unternehmen unternehmen ständig etwas, wer den ersten Schritt macht, hat zumeist den Vorteil auf seiner Seite. Management ist in diesem Kontext die Kunst, gut und erfolgreich zu handeln. Kein Manager ist erfolgreich, wenn er – wie ein buddhistischer Mönch – über die Welt meditiert. Selbst das Nicht-Handeln ist Strategie, Taktik, Ausdruck von Planung. Wenn in den letzten Jahren die Schnelligkeit der Reaktion auf Marktveränderungen als besonders verehrenswerte Tugend herausgestellt wird, so ist das einerseits eine Konsequenz eben dieses Verständnisses von erfolgreichem wirtschaftlichem Handeln. Andererseits scheint sich das grundlegende Verständnis von Handeln immer mehr von seinen geistesgeschichtlichen Wurzeln zu entfernen. Ein Beispiel hierfür ist die Unverträglichkeit des auf Schnelligkeit bauenden Handelns mit der nachhaltigen Vorstellung von Wirtschaft.

Die Tücken unserer Absichten

Was sind die geistesgeschichtlichen Wurzeln der Theorie des Handelns? Vater aller Handlungstheoretiker ist Aristoteles. Seine kausale Handlungstheorie ist bis heute der Rahmen für die meisten Konzepte. Sie besagt, dass jede menschliche Handlung eine Ursache besitzt und eine Wirkung auf die physische Welt. Damit verbinden sich drei Grundfragen: 1. Was verstehen wir unter einer Ursache? 2. Was verstehen wir unter einer Handlung? Und 3. Wo beginnt und wo endet die Wirkung einer solchen Handlung?

Bei der ersten Frage geht es um unsere Absichten, unseren Willen, unsere Intentionen. „Nur zurechenbares Handeln", sagt Aristoteles

© Frank & Timme   Verlag für wissenschaftliche Literatur

zurecht, ist beispielsweise „sittlicher Wertung fähig". Damit nimmt er damals übrigens Sklaven aus, Tiere ebenso, was 2000 Jahre später

sehr ähnlich über Arbeiter gesagt werden wird – über Tiere sowieso. Handeln ist gewissermaßen ein Privileg, das Menschen gerne auch einmal klassifiziert in die, die etwas tun dürfen und die, die es nicht dürfen. Arbeiter, Frauen, Emigranten. Wenn man diesen Aspekt einmal beiseite lässt, geht es um Probleme wie: Liegt jeder Handlung eine Entscheidung zugrunde? Sind Gedanken auch Handlungen? Sind wir ausschließlich das Produkt unserer Handlungen? Siehe Georg Friedrich Hegel: „Was das Subjekt ist, ist die Reihe seiner Handlungen." Gibt es einen Unterschied zwischen Handlung und Tat? Sind unsere Handlungen determiniert? Immanuel Kant hatte zu Letzterem eine wunderbare Idee. Er sagt: Wir werden durch viele Dinge zu Handlungen geleitet, Gelüste, Ängste, Hoffnungen oder Bösartigkeiten. Wir folgen ihnen zumeist nicht, weil wir ungerne im Gefängnis sitzen. Wäre es aber nicht großartig, so Kant, wenn uns eine innere Stimme überzeugte, gut zu handeln – und zwar nicht aus Furcht vor Sanktionen, sondern weil diese Stimme der Vernunft, dieser Kategorische Imperativ, die besseren Argumente hat? Ja, Kant traut dem Menschen viel zu. Vielleicht würde er heute pessimistischer denken.

Die Soziologie versteht Handlungen als einen Prozess. Handlungen, könnte man sagen, haben einen Zusammenhang. Zu handeln, so Arnold Gehlen, gehört zur Natur des Menschen. Und aus seinen Handlungen erwächst das, was wir Kultur nennen. Max Weber hat das auf den Begriff des „sozialen Handelns" gebracht. Daraus leiten wir auch unser Bild vom erfolgreichen Unternehmen ab. Die Handlungen von Unternehmen heißen Produktentwicklungen, neue Dienstleistungen, Innovationen, der Umgang mit Kunden. Aber auch Interaktion mit der Gesellschaft. Das alles muss ohne Unterlass geschehen. Es ist wie *corporate breathing*. Und selbst wenn man annimmt, dass Unternehmen im Kantschen Sinne bewusst vernünftig handeln, schließt das nicht aus, dass es zu ungewolltem Handeln kommt oder die Tat wenig mit dem Gewollten gemein hat. Eine treffende Analogie bietet das Alien-Hand-Syndrom in der Neurologie. Eine Störung, bei der Patienten keine oder sehr wenig Kontrolle über eine Hand, die sogenannte *Alien Hand*, haben, kann etwa nach Schlaganfällen oder Infektionen auftreten. Diese Hand arbeitet gegen die andere. Das kann beispielsweise dazu führen, dass man mit der rechten Hand etwas essen will und die linke Hand dies verhindert, oder im Extremfall versucht uns zu erwürgen. Das erinnert an ältere Diskussionen darüber, ob Niesen oder Stolpern als Handlung verstanden werden können. Das ungewollte Handeln muss sich aber nicht nachteilig auswirken. Es gibt zahlreiche Beispiele, die zeigen, dass aus „zufälligem", nicht intendiertem Handeln etwas Phänomenales entsteht. Man denke an die zufällige Erfindung der Post-it-Zettel bei 3M, an Spencer Perry, der bei Raytheon für Militärprojekte forschte und die Mikrowelle erfand oder Alexander Fleming, der seine Bakterienkultur vergaß und nach seinem Urlaub das Penicillin entdeckte. Unternehmen verstehen sich – entlang der Aristotelischen Sicht – als lineare, rationale Handlungscluster. Als strategisch handelnde Organisationen. Und das stimmt auch. Aber – Unternehmen sind mehr.

Das poetische Unternehmen

Dieses „Mehr" kann man am Unterschied zwischen *Praxis* und *Poiesis* verdeutlichen. Ein Schuster macht Schuhe. Er bringt einen materiellen Gegenstand „aus dem Nichtsein ins Sein", so Aristoteles. Das Ziel seiner Tätigkeit, seine Praxis, liegt in dem Produkt, um dessentwillen er tätig ist. Soweit steht er stellvertretend für die meisten Unternehmen dieser Welt. Sein Ziel ist es, gute bequeme Schuhe zu machen. Sein Ziel ist die Handlung selbst, die zu einem Produkt führt. Davon kann man eine andere Form des Tuns unterscheiden: die Poiesis. Beispiele hierfür sind

 © Frank & Timme   Verlag für wissenschaftliche Literatur

die Kunst, die Politik oder die Wissenschaft. Hier geht es nicht (primär) um die Handlung selbst, sondern ihr Ziel liegt außerhalb ihrer selbst. Gesundheitsminister Jens Spahn etwa kann (auch wenn er es nicht tut) viele verschiedene Wege einschlagen, die Corona-Pandemie erfolgreich zu bestehen. Er ist nicht festgelegt auf eine Strategie oder Fertigkeit, eine Technik wie der Schuster. Das hat Vor- und Nachteile. Es gibt nichts, worin Spahn herausragend wäre, beispielsweise Schuhe herstellen. Dafür kann er viele Dinge „ins Sein" bringen, anstoßen, versuchen. Es ist wie das Handeln des Schusters als Bürger in einem Gemeinwesen: er macht zwar nicht mehr das, was er am besten kann, dafür ist seinem Tun keine enge Grenze gesetzt. Über Unternehmen darf man Ähnliches sagen: Es gibt die Handlungs-Praxis, die sie (hoffentlich) gut und seriös und für ihre Kunden zufriedenstellend ausführen. Hier sind sie in ein enges Korsett von Regeln, Gesetzen, Traditionen und strategischen Vorgaben eingeschnürt. Die Poiesis, ihre poetische Seite, kann dagegen einen inspirierenden Ausgleich ihres Tuns schaffen. Hier sind sie frei in ihren Handlungen. Hier können sie tanzen wie John Travolta.

Das autopoetische Unternehmen

Wenn man zustimmt, dass es für ein Unternehmen Sinn ergibt, sowohl praktisch als auch poetisch zu handeln, kann man noch einen Schritt weiter gehen. Dabei bietet Niklas Luhmann mit seinem Begriff der Autopoiesis eine gute Analogie. Luhmann versteht „soziale Systeme" wie Unternehmen als Kommunikationsgeneratoren. Sie kommunizieren immerzu, wie in einer Blase, mit sich selbst. Wer in einem Unternehmen arbeitet, weiß, dass diese Einschätzung nicht völlig daneben liegt. Luhmann stellt sich das vor wie die Selbstreproduktion lebender Organismen. Diese nehmen nur Stoffe aus der Umwelt auf, die für ihre Selbstreproduktion relevant sind, jene nehmen nur das wahr, was zu ihrem System, ihrem Geschäft passt. Diese Autopoiesis (oder Selbstreferenzialität) spiegelt sich in dem Eindruck vom Unternehmen, das ausschließlich seine ureigensten Interessen vertritt bzw. von einer Wirtschaft, die je besser funktioniert, desto stärker sich Unternehmen auf ihre Autopoiesis fokussieren. Eine solche Strategie der Selektion führt auf der Seite der Handlungs-Praxis durchaus zum Erfolg. Die Frage, die sich ein Unternehmen möglicherweise stellen sollte, ist: Fehlt der autopoetischen Praxis, die ausschließlich selektiv und intentional kommuniziert, das „Poetische", das es erlaubt, erratisch, disruptiv, kreativ zu kommunizieren? Wäre – möglicherweise – in einem sinntheoretischen Verständnis die fortwährende (und notwendige) Reduktion von Komplexität zu ergänzen durch eine (dosierte) Amplifikation von Komplexität? Und könnte dieses doppelte Handeln zu einer noch größeren Erfolgsgeschichte werden?

 © Frank & Timme   Verlag für wissenschaftliche Literatur

19   Augen auf und durch

> Einem anderen musst Du leben, wenn Du dir selbst
> leben willst.
>
> *Seneca*

Die Corona-Pandemie hat viele fatale Auswirkungen und stellt Gesellschaft und Wirtschaft auf eine harte Probe. Ohne dies aus den Augen
zu lassen, darf man aber auch sagen, dass die Pandemie eine seltene
Chance bietet, die Resilienz von Menschen und Unternehmen zu erkennen und – womöglich – zu stärken. Die Philosophie der Stoa, die
man in den Jahrhunderten vor der christlichen Zeitenwende verortet,
hat drei Muster erkannt, die einer solchen Krise zugrunde liegen. 1. Unter dem Aspekt Zeit erkennt man zwei konträre Wahrnehmungen, die
unser Handeln bestimmen und behindern. Per se ist es unser Wunsch,
dass die Krise möglichst kurzfristig anhält. Darum richten wir unsere
Strategien in der Hoffnung aus, nach vermutet kurzer Zeit wieder zur
Normalität zurückkehren zu können. Da Krisen aber empirisch gesehen
langfristiger Natur sind, greifen diese Strategien nicht und erzeugen
eine Schleife, wie wir sie etwa gerade mit den Lockdown-Wiederholun-
gen erleben. 2. der Aspekt Entscheidung: Krisen verleiten die Akteure
dazu, eine große weitreichende Entscheidung zugunsten vieler kleiner
fragmentarischer Entscheidungen zu vermeiden. Auch hier taugt die
aktuelle deutsche Politik als Lehrbeispiel, die die unbedingte Priorisie-
rung des Themas Impfen durch viele andere Schwerpunkte verwässert.
Und 3. der Aspekt Kontext: Krisen erzeugen Tunnelblicke. Das Motto
lautet zumeist: Augen zu und durch. Das Gegenteil wäre sinnvoll. In
der Krise müssen die Augen so weit wie möglich offen sein. Sonst sieht

man nur das, was vermeintlich der Kern der Krise ist. „Der Blick auf das Große und Ganze macht den Menschen auch groß", liest man in den Schriften der Stoiker. Für Seneca, Marc Aurel oder Epiktet zählen Zukunft, Maß und Kontext – vertraute Begriffe in der Nachhaltigkeitsdebatte. Können sie aber auch zu einem quasi stoischen Management führen?

Wie fischen wir?

Ein See in Südamerika trägt den beeindruckenden Namen *manchau gagog changau gagog chaugo gagog amaug*. Die Übersetzung, die man sich ein wenig leichter merken kann, ist zu einem Credo für nachhaltiges Bewusstsein geworden. Sie lautet sinngemäß: „Wir fischen auf unserer Seite, ihr fischt auf eurer Seite und niemand fischt in der Mitte." In der alten indianischen Kultur war Nachhaltigkeit eine Überlebensstrategie: lebensnotwendigen Ressourcen, ob nun Tiere oder Wasser, wurde ein natürlicher Respekt entgegengebracht, der in der Moderne verlorenging. Heute wächst das Bewusstsein, dass wir uns diesen Respekt wieder aneignen müssen, und auch heute geht es um eine Überlebensstrategie – für die Generationen nach uns und die Erde selbst. Die Essenz eines solchen respektvollen Lebens, das Bewusstsein, dass wir über die Gegenwart und die Sphäre, in der wir leben, auch verantwortlich sind für die Zukunft und den Planeten im Ganzen, findet sich vorbildlich in der stoischen Philosophie der Spätantike. Sie taugt heute als Leitbild nachhaltigen Lebens und nachhaltiger Unternehmensführung. Eine aktuelle Studie „Nachhaltigkeit im Fokus" des Marktforschungsinstituts Rothmund Insights zeigt, dass die große Mehrheit der Verbraucher (89 %) wünscht, dass Unternehmen in Zukunft nachhaltiger und umweltgerechter wirtschaften. Zugleich wächst die Zahl derjenigen Konsumenten, die bereit sind, für ein nachhaltigeres Leben auf

 © Frank & Timme   Verlag für wissenschaftliche Literatur

ein Stück Komfort zu verzichten und auch mehr zu bezahlen. Aktuell macht diese Zielgruppe der „Aktiv Nachhaltigkeitsbewussten" bereits 42 Prozent aller Verbraucherinnen und Verbraucher in Deutschland aus – Tendenz steigend. Die Corona-Krise hat diese Entwicklung zusätzlich verstärkt. Fazit der Studie: „Unternehmen sind gut beraten, dies in ihrer Produktentwicklung, Kommunikation und Unternehmensführung noch stärker zu berücksichtigen".

Nexialismus

Jede Nachhaltigkeitsdebatte geht heute von dem Konsens aus, dass global diskutiert und gehandelt werden muss. Deswegen war beispielsweise die Bestürzung groß, als die USA unter Donald Trump das Pariser Klimaabkommen aufkündigte und ebenso die Erleichterung, als Joe Biden dies rückgängig machte. Wir reden heute über einen Zusammenhang von ökologischen, ökonomischen und gesellschaftlichen Herausforderungen, die zusammen die Grundlage nachhaltigen Handelns bilden. Wenn wir das tun, akzeptieren wir ebenso die Zusammenarbeit unterschiedlicher Disziplinen, die nur gemeinsam zu substanziellen Ergebnissen kommen können. Dieses Muster findet sich überall dort, wo über Nachhaltigkeit nachgedacht wird, etwa in der Agenda 2030, mit der sich fast 200 Staaten 2015 einen „Weltzukunftsvertrag" gegeben haben. Wird der aber tatsächlich bewusst befolgt, gibt es die Symbiose der vielen Disziplinen, die von ihm angesprochen werden? Gibt es beispielsweise eine verbindende wissenschaftliche Überzeugung, quasi ein Pariser Nachhaltigkeitsabkommen? Gibt es eine epistemologische Synthese, die es erlaubt, die Erfahrungen und Erkenntnisse aus den verschiedenen Disziplinen zu synchronisieren und zu einem ganzheitlichen Handlungsplan zu verbinden?

Einen Ansatzpunkt würde der Begriff des Nexialismus bieten, der in der Sache eine Referenz an die Stoa darstellt. Der Neologismus geht auf den US-kanadischen Schriftsteller Alfred Elton van Vogts zurück, der ihn 1952 in seinem Science Fiction-Roman „Die Weltraumexpedition der Space Beagle" benutzte. In dem Begriff steckt das lateinische „nexus", also Verknüpfung oder Verbindung. Der Held der Geschichte, der als einziger in einer Krise das Notwendige tun kann und das Raumschiff rettet, ist Nexialist. Er verknüpft diverse Geistes- und Naturwissenschaften zu einem neuen Niveau der Erkenntnis. Das, was aus dem Blickwinkel einer einzelnen Profession unsichtbar bleibt, offenbart sich einer polymorphen Perspektive. Dabei geht es van Vogts nicht um Eklektizismus. Vielmehr sollen alle Erkenntnismöglichkeiten des Menschen voll ausgeschöpft werden, nicht nur die Vernunft, die Logik, natur- oder geschichtswissenschaftliche Methoden, sondern auch Psychologie oder alternative Erkenntnisverfahren. Nicht zuletzt in einer Mediengesellschaft, wie sie heute – in verschiedenen Entwicklungsstadien – fast überall auf der Welt existiert, erlaubt der nexialistische Ansatz eine interessante Ausgangsposition. Denn stehen nicht selten beispielsweise rationale und emotionale Standpunkte sich unversöhnlich gegenüber? Scheitert eine Diskussion nicht häufig an dem, was die Philosophie einen Kategorienfehler nennt: Mediziner streiten mit Juristen, Politiker mit Wirtschaftsvertretern, Bürger mit Lobbyisten. Ohne eine wissenschaftliche Lingua Franca fehlt dem Konsens eine Grundlage. Der nexialistische Ansatz könnte helfen.

Mehr Stoa wagen

Die Stoiker lebten, so könnte man sagen, in der Postantike, so wie wir heute in der Postmoderne. Das damalige Leben veränderte sich schnell und umfassend, das Römische Reich zeigte den Menschen, wie groß

 © Frank & Timme   Verlag für wissenschaftliche Literatur

die Welt ist. Es tut dies auf den Grundlagen der antiken Geisteswelt und ringt mit deren Übersetzung in die neue Zeit. Auch heute besteht unser gesellschaftliches, weltanschauliches Fundament aus Versatzstücken von Lehren und Ereignissen der Vergangenheit, die bewusst oder unbewusst unser Handeln und Denken prägen und leiten. Die Versprechen der Moderne – Frieden, Wohlstand, Selbstbestimmtheit – sind nur unvollkommen realisiert worden, nicht zuletzt weil unser Blick über den Tellerrand geht und global geworden ist. Wir wollen mehr! Darum reden wir von einer Transformationsgesellschaft. Nachhaltigkeit ist einer ihrer Eckpfeiler.

Die Gemeinsamkeiten der stoischen mit unserer transformativen Kultur fallen deutlich auf: Die Stoiker bezogen prinzipiell alle Menschen ein, Griechen wie „Barbaren" (trotz fortbestehender Staaten und Grenzen), Bürger wie Sklaven. Dieser kosmopolitische Zug der Stoa war von ihren Gründungspersönlichkeiten bereits angelegt worden. Die Stoa vereint, wie die indianischen Kulturen Naturrecht und positives Menschenrecht. Natur, Tiere und Pflanzen gehören gemeinsam zum stoischen Kreislauf der Oikeiosis, der Vervollkommnung. Sie betrifft in erster Instanz das eigene Selbst, beinhaltet aber auch die Gesellschaft, die ebenso wie die Natur als „Kontext" zum stoischen Ideal des Gleichgewichts der Kräfte gehört. Zu diesem Gleichgewicht gehören noch zwei weitere Schlüsselbegriffe: Die Aphatia, deren Bedeutung nichts gemein hat mit ihrem modernen Zwilling. Apathie strebt der Stoiker an, wenn er seine Affekte, seine unvernünftigen und unzeitgemäßen Begierden zügelt. Wer sich selbst kontrolliert, dient der Gemeinschaft. Das hat nichts mit Unfreiheit zu tun, mit Einschränkungen von Grundrechten, sondern dient – indem es der Gemeinschaft dient – der eigenen Entwicklung. Und schließlich Ataraxia: Zumeist mit Unerschütterlichkeit übersetzt, meint der Begriff im Kern das, was wir heute Resilienz oder Krisenfestigkeit nennen. Die Fähigkeit, sich im richtigen Moment mit den richtigen Dingen zu beschäftigen, einen klaren Blick auf das

Wesentliche und Notwendige zu behalten und mutig zu entscheiden, was in der Krise erforderlich ist. In der Ataraxie folgt die stoische Philosophie am stärksten der römischen Lebenswelt, die wie nie zuvor durch ökonomische Maximen geprägt war. „Arbeite", so Marc Aurel, „aber nicht wie ein Unglücklicher oder wie einer, der bewundert oder bemitleidet werden will. Arbeite oder ruhe, wie es das Beste für die Gemeinschaft ist."

Wenn die Welt wüsste, was die Welt weiß! Ob Corona etwas bewirkt? Vielleicht nicht sofort, aber vielleicht langfristig. Ob die Welt es schafft, aus der Verzweiflung über eine hartnäckige Pandemie, die den Alltag weltweit auf nie gesehene Weise veränderte und der Begeisterung über die Tatkraft der globalisierten Wissenschaft, die in Rekordzeit Impfstoffe entwickelte, eine neue Art internationaler (nexialistischer) Zusammenarbeit zu kreieren? Oder wird dieser *impetus furiosus* verpuffen, verblassen, an den restaurativen Mühlen scheitern? Vielleicht kann die stoische Philosophie helfen. Sie steht für das Verbindende und Einschließende, auch angesichts großer Transformationen. Und auch wenn Transformation immer Verlust ist, so gilt doch das Wort Marc Aurels: „Verlust ist nichts anderes als Verwandlung."

   © Frank & Timme   Verlag für wissenschaftliche Literatur

20 Citizenship en français

> Die Menschen machen immer die Umstände dafür
> verantwortlich, was sie sind. Ich glaube nicht an Um-
> stände. Die Menschen, die vorangehen in dieser Welt,
> sind stets jene, die sich aufmachen und die Umstände
> suchen, die sie brauchen, und sie schaffen, wenn sie sie
> nicht finden können.
>
> *George Bernard Shaw*

Corporate Citizenship hat viele Gesichter, bekannt werden meist große Projekte, große Budgets und große Namen. Daneben gibt es aber auch die kleinen, oft nicht weniger beeindruckenden Initiativen, die wie in unserem Beispiel, darauf beruhen, dass man eine Gelegenheit ergreift, die sich bietet.

In der nördlichen Normandie, gleich am Ärmelkanal (La Manche), liegt die alte Hafenstadt Dieppe. Dort, wenn man aus dem Landesinnern kommend abwärts zum Zentrum fährt, gibt es eine besondere Bushaltestelle. Diese Bushaltestelle heißt Jeannine Vromant. Jeannine Vromant war eine alleinstehende, ein wenig vermögende Dame, die keine Kinder hatte. Vielleicht auch deswegen machte sie sich ausgiebig Gedanken darüber, was sie mit ihrem kleinen Vermögen nach ihrem Tode bewirken könnte. Sie gehörte nicht zu denen, die etwa viel reisen, teure Kleider mögen oder ihr Geld für Kulinarisches ausgeben. Jeannine hatte einen Plan – und als sie 80 Jahre alt wurde, suchte sie sich einen Notar, dem sie vertraute und erklärte diesem, was sie vorhatte. Diesem Notar präsentierte sie über 200 handgeschriebene Zettel, auf denen die Grundlagen ihres Vermächtnisses notiert waren. Auf diesen Zetteln stand etwa: Der Klempner, der mir 1974 schnell geholfen hat, als meine Heizung nicht mehr funktionierte. Oder: Die rothaarige Kassiererin im Carrefour in der Rue de Lumiere, die mir immer beim Packen meiner Taschen geholfen hat. Oder auch: Der freundliche Busfahrer der Linie 104, der oft auf mich gewartet hat, wenn ich nicht rechtzeitig beim Einstieg war. Kurz: Jeannine hatte über eine lange Zeit sich die Menschen gemerkt, die nett zu ihr waren. Und das ohne mit diesen wirklich bekannt zu sein, geschweige denn ihre Kontaktdaten zu besitzen. Was den Notar vor große Probleme stellte! Doch dieser war ein ehrenwerter Mann, und als Jeannine verstorben war, recherchierte er so lange, bis er alle Personen, die für eine Honorierung vorgesehen waren, gefunden hatte. Man sagt, er habe dafür drei Jahre gebraucht – und sei danach in den Ruhestand gegangen.

Unter den Menschen, an die sich Jeannine dankbar erinnerte, waren fast 40 Busfahrer der Diepper Verkehrsbetriebe. Sie besaß kein Auto, fuhr aber bevorzugt Bus und das fast täglich. Allerdings war sie nicht gut zu Fuß. Deswegen hielten die Busfahrer, die um Jeannines Probleme wussten, meistens direkt vor ihrem Haus, obwohl dort gar keine Haltestelle war. Dieser galante und so hilfreiche Service hatte offenbar einen großen Stellenwert in ihrer Wertschätzung. Als die Busfahrer erfuhren, dass sie alle in Jeannines Testament bedacht worden waren und ihnen eine ansehnliche Summe zukommen würde, überlegten sie – zusammen mit ihrem Arbeitgeber –, wie sie auf diese ungewöhnliche Geschichte reagieren könnten.

Weniger kann mehr sein

Als Corporate Citizenship (le comportement citoyen des entreprises) wird im Allgemeinen das gesamte über die eigentliche Geschäftstätigkeit hinausgehende Engagement des Unternehmens verstanden. Es ist

© Frank & Timme   Verlag für wissenschaftliche Literatur

der Versuch, ein Unternehmen auf möglichst vielfältige Weise positiv mit dem Gemeinwesen zu verknüpfen, in dem es tätig ist. Das Unternehmen soll ein „good corporate citizen" sein, ein guter Bürger, der seine unmittelbare Lebenswelt positiv beeinflusst, sei es durch eine große Spende oder durch eine alltägliche Geste. Letztlich ist Corporate Citizenship eine Einstellung, eine Haltung, ein „Ja" zu einem wie selbstverständlichen Verhalten.

Im Gegensatz zu Maßnahmen, die den unternehmerischen Ablauf betreffen, sind unter dem Begriff Corporate Citizenship Kriterien zusammengefasst, die darüber hinausgehen. So kann sich ein Betrieb im lokalen oder internationalen Umfeld karitativ betätigen. Verbreitet sind

- Aktionen zum Spendensammeln
- Aktionen in Verbindung mit einer gemeinnützigen Stiftung
- Sponsoring von Kultur- oder Sportveranstaltungen

Das bürgerschaftliche Engagement einer Firma wirkt sich meist direkt auf die Außenwahrnehmung aus. So kann sich das Unternehmen als verantwortungsbewusst im Umgang mit der Natur oder auch mit gesellschaftlichen Werten zeigen. Auf diese Weise kann die lokale oder regionale Bindung und Akzeptanz erhöht oder auch eine Marke mit bestimmten Wertvorstellungen verknüpft werden.

Um dabei glaubwürdig und authentisch zu bleiben ist es wichtig, mit der entsprechenden Maßnahme ein zum Unternehmen passendes Projekt zu unterstützen. Idealerweise kann das Corporate Citizenship sich mit den wirtschaftlichen Abläufen des Unternehmens decken – wie im hier beschriebenen Beispiel

Ein überaus zufriedener Kunde

Dieppe ist mit rund 30.000 Einwohnern keine große Stadt. Die städtischen Verkehrsbetriebe sind zwar ein wichtiger Teil der Infrastruktur, da sie den gesamten öffentlichen Nahverkehr abbilden, aber sie stehen als Arbeitgeber im Schatten etwa des Hafens und der Fischereiflotte oder der Renault Alpine-Fabrik. Auch der Tourismus nimmt den Dieppr Busverkehr nur am Rande wahr. Das Kommunikationskonzept fokussierte deswegen auf einen Ausschnitt, der eindeutig auf das Unternehmen verweist, eine einfache klare Botschaft vermittelt und – ein relevanter Punkt – ein überschaubares Budget verlangt.

Die Verantwortlichen beschlossen, die Geschichte von Jeannine Vromant als Visitenkarte eines Unternehmens darzustellen, das gerne und nachweislich die berühmte „extra mile" geht, um seine Kunden zufrieden zu machen. Zielgruppe waren ausschließlich die Kunden der Diepper Verkehrsbetriebe. Die Maßnahmen zielten darauf ab, die Kundenbindung und das Bewusstsein zu verstärken, dass das Unternehmen mit einem außergewöhnlichen Kundenservice aufwartet. Dabei konnte darauf verwiesen werden, dass die Leistungen des Citizenships kein Versprechen oder eine Ankündigung darstellten, sondern das dokumentierten, was bereits gelebte Praxis des Unternehmens war – siehe Jeannine Vormant! Praktisch wurde Folgendes realisiert:

- Auf der Haupteingangsstraße zum Stadtzentrum, die zudem die City mit dem besucherstärksten Einkaufszentrum verbindet, wurden in beiden Richtungen zwei Bushaltestellen nach Jeannine Vromant benannt.
- In touristischen Medien, in Darstellungen der Region, in den Bussen selbst (Aufkleber), im Web und allen weiteren erreichbaren Werbeträgern wurde die Geschichte mal kurz als Link, mal ausführlich annonciert. (Inzwischen ist Jeannine Vromant

© Frank & Timme   Verlag für wissenschaftliche Literatur

ein fester Bestandteil von Stadtführungen, Einträgen in Reiseführern und sogar Programmen französischer Kabarettisten.)

- Die Busfahrer selbst wurden als virale Kommunikatoren instruiert, die anhand der Geschichte über die Unternehmenskultur berichten.

Nicht zuletzt die virale Komponente der Kommunikation stellt inzwischen einen kleinen aber bleibenden Teil der Lokalgeschichte Dieppes dar. Und die Reputation der Verkehrsbetriebe wurde nachhaltig gestärkt.

Gelegenheiten

Ein Beispiel für ein im Ansatz ähnliches Projekt, das sich aber inzwischen über den lokalen Bezug zu einem landesweiten Citizenship entwickelt hat, ist „BasKIDball" der ING, vormals ING-DiBa. Am Anfang stand eine Beobachtung. Holger Gschwindner fiel Anfang der 2000er Jahre auf, dass viele Schüler beim Lernen große Motivationsprobleme auf der einen Seite hatten, auf der anderen Seite enorm engagiert waren, wenn es um Sport ging. Aus dieser Beobachtung entstand die Idee, mit Hilfe des Sports etwas gegen die Unlust der Schüler, etwa ihre Hausaufgaben zu bewältigen, zu unternehmen. Gschwindner war damals Mentor des Basketball-Stars Dirk Nowitzki und seine Heimatstadt Bamberg eine Hochburg des deutschen Basketballs. Zusammen mit Partnern, etwa dem ansässigen Rotary-Club, dem Sportverein Brose Baskets und dem Innovative Sozialarbeit e.V. rief er ein Angebot für Schüler ins Leben (zuerst in Bamberg, aktuell in 20 deutschen Städten), das diesen die Möglichkeit gibt, mit Profispielern Basketball zu spielen und, als Bedingung, an schulischen Förderungen teilzunehmen. Dirk Nowitzki als Schirmherr tat ein Übriges, um das Projekt zu einer Erfolgsgeschichte zu machen. Als Sponsor engagierte sich die ING, deren Link eine Werbepartnerschaft mit Nowitzki war. Für die Bank war es eine einzigartige Gelegenheit, mit einem vergleichsweise kleinen Budget eine große und punktgenaue Wirkung zu erzielen. Denn nicht nur war die Partnerschaft mit Nowitzki bereits gegeben, die ING war auch Hauptsponsor der Deutschen Basketball-Nationalmannschaft. Unter den Citizenship-Aktivitäten der Bank nimmt das Projekt bis heute eine besondere Stellung ein, denn es verkörpert auch einen unkonventionellen und an die Ursprünge der Unternehmensgeschichte erinnernden Spirit.

Sowohl die Geschichte aus dem Nachbarland als auch die sportliche Initiative der Bank sind Beispiele dafür, wie Corporate Citizenship funktionieren kann – ohne aufwändige Konzepte, ohne große Budgets, ohne komplexe Planungen. Sondern anders, und zwar in dem man Gelegenheiten ergreift. Dieses heuristische Vorgehen, das sich quasi im Rücken der in den Unternehmen so vielgeliebten Strategien des Managements und der Kommunikation entwickelt, ist durchaus kein Unbekannter. Die Heuristik ist im Gegenteil außerordentlich zeitgemäß. Wenn es darauf ankommt – und die moderne Welt ist prall gefüllt mit solchen Situationen – auf Basis lückenhafter Informationen, unter Zeitdruck und mit nicht exakt beschreibbarem Ziel etwas zu erreichen, dann hilft ein heuristischer Ansatz (z. B. Ausschlussverfahren, Versuch & Irrtum) weiter. In heuristischen Methoden steckt sehr viel mehr Spontanität als in Methoden, die auf strategische Finesse oder komplexe Planung setzen. Das ist vor allem dann von Vorteil, wenn eine Gelegenheit auftaucht, die es zu nutzen gilt. Ja, man könnte sogar die Heuristik auf die Spitze treiben und einem Prinzip folgen, dass gemeinhin in unserer aufgeklärten Welt keinen guten Ruf hat: die Serendipität (Vereinfacht: finden ohne zu suchen). Immerhin hat das Prinzip bereits bei der Entdeckung neuer Welten gute Dienste geleistet, da mag es auch für das Corporate Citizenship taugen.

© Frank & Timme   Verlag für wissenschaftliche Literatur

21 Fehler machen Leute

Das Beste, was wir tun können, ist immer wieder nach
unseren Fehlern zu suchen

Karl Popper

Es gibt einen signifikanten Bezug von Krise und Fehler. Bedeutet das,
wir können Krisen vermeiden, wenn wir weniger Fehler machen? Und
würden wir zukünftig je weniger Krisen erleben, je mehr wir aus be-
gangenen Fehlern lernten? In einer Krise gibt es eine Verhaltensregel,
die Menschen intuitiv befolgen: Mache so wenig Fehler wie möglich.
Denn sonst wird es noch schlimmer. Man könnte dazu sagen, dass die
entscheidenden Fehler offenkundig schon gemacht wurden, denn sonst
gäbe es ja keine Krise. So wäre es nicht weit hergeholt, wenn man riete,
die Fehler, die bereits gemacht wurden, in der Krise nicht zu wieder-
holen. Denn das, was zur Krise führte, wird vermutlich nicht helfen,
diese zu beenden. Andere Fehler nicht zu begehen, setzt voraus, dass
man weiß, was genau in der Krise zu tun ist. Sonst kann man ja schlecht
zwischen richtigem und falschem Handeln unterscheiden. Und schließlich wäre auch daran zu denken, dass nicht notwendigerweise etwas, das
man während der Krise tut, auch nach der Krise noch sinnvoll erscheint.
Kurz: Die Fehlerminimierung ist in der Krise eine fragile Strategie. Die
Corona-Krise beispielsweise ist stark von der Wissenschaft und ihren
Theorien, Ratschlägen und Prognosen getrieben. Die Wissenschaft setzt
bekanntermaßen auf die Fehlermaximierung. Das hat den Vorteil, dass
man deutlich mehr lernen kann als bei der Fehlerminimierung. Deshalb
könnte man die These wagen: Lernen ist so ziemlich das Wichtigste,

was man in der Krise tun sollte. Nur so besteht eine kleine Hoffnung, die nächste Krise geschickter anzugehen.

Es gibt wenige Begriffe, die so unterschiedlich verstanden werden wie der Begriff des Fehlers, je nachdem, welche Wissenschaft oder welchen Bezugsrahmen man wählt. Bereits die rein sprachliche Genauigkeit scheint ein hoffnungsloses Unterfangen: dicker Hund, Hammer, Klops, Patzer, Schnitzer, Irrtum, Unrichtigkeit, Missgeschick, Panne, Versehen, Fauxpas, Lapsus. Ein Substantiv, männlich, etwas, was falsch ist, vom Richtigen abweicht. Und nicht nur das: auch auf der Skala von „schlimmer geht nicht" bis „besser geht nicht" findet sich der Fehler überall, je nachdem, wen man fragt.

Die Philosophie hat sich schon immer für das Thema Fehler interessiert. Aristoteles unterscheidet das Unglück (unvorhersehbar ohne schlechte Absicht), den Fehler (vorhersehbar keine schlechte Absicht) und die Missetat (vorhersehbar schlechte Absicht). Er versucht vor allem, die natürlichen von den menschlich motivierten Ereignissen zu unterscheiden. Aristoteles geht es nicht um Schuld. Er will forensisch verstehen, welche Art Fehler vorliegt. In den folgenden Jahrhunderten gerät dieser Ansatz aus dem Blickfeld. Und bis heute geht es beim Thema Fehler zumeist mehr um Schuld und Sühne als um Analyse und Verständnis. Was ist uns wichtig? Den Fehler zu verstehen und zukünftig zu vermeiden? Den Schuldigen zu finden und zu bestrafen? Oder den Fehler in Kauf zu nehmen, um beispielsweise Lernprozesse zu fördern? Fehler sind eine der Hauptquellen des Lernens. In sozialen Situationen werden Fehler, etwa bei Prüfungen, Klassenarbeiten, in Gesprächen meist durch einen Kommunikationspartner sofort zurückgemeldet. Oft erfolgt die Rückmeldung aber auch deutlich verzögert, etwa in einer Ehe oder bei einer Berufswahl. Kommunikation ist aber immer ein entscheidender Faktor. Fehler sind dialogischer Natur Schweigen macht sie größer.

 © Frank & Timme   Verlag für wissenschaftliche Literatur

Fehlerkultur

Im Unternehmen spricht man von Fehlerkultur. Sie scheint innerhalb der Unternehmenskultur ein weicher Faktor zu sein. Aber dieser auf den ersten Blick weiche Faktor hat direkte harte Konsequenzen, etwa bei Qualitätsstandards, Produktivität oder Innovationspotential. Der Pädagoge Martin Weingardt meint: „Fehlerkompetenz besteht darin, dass ein Bündel an Fehlerstrategien zur Verfügung steht und die Fähigkeit zur Freisetzung von Wertschöpfung ermöglicht. Dasjenige Unternehmen ist im Vorteil, das nicht nur eine Art kennt, mit Fehlern umzugehen, sondern möglichst viele." Man sagt, dass es bei VW einen Schadenstisch gibt. Es soll kein angenehmer Ort sein, denn dort erklären Ingenieure, warum was nicht funktioniert und welche Fehler gemacht wurden. Eigentlich eine sinnvolle Einrichtung, doch offenbar ist sie – wie die Dieselaffäre zeigt – keine Blaupause für den Umgang mit den Fehlern, die bei VW auf den Tisch kommen. Und erst recht nicht bei deren Bewältigung. Im Silicon Valley scheint die Fehlerkultur zur DNA vieler Unternehmen zu gehören, auch wenn man bezweifeln darf, dass sich etwa Facebook an dieser Stelle wirklich fundamental von VW unterscheidet. Wie Unternehmen mit Fehlern umgehen, hat nicht nur großen Einfluss auf die interne Kultur, sondern ebenso auf die externe Reputation.

Die Grundlagen für das Verständnis von Fehlerkulturen wurden zu Beginn des 20. Jahrhunderts entwickelt. Die Pädagogen begannen die Psychologie des Fehlers zu ergründen, Sigmund Freud die Fehlleistungen des Unbewussten, Verhaltensforscher zeigten, wie Tiere aus Fehlern lernen, Techniker beschäftigten sich mit Material- und Messfehlern, die Arbeits- und Organisationspsychologen mit Fehlern und Fehlervermeidung beim Thema Arbeitssicherheit. Gestaltpsychologie, Kommunikationstheorie und Linguistik entdeckten kulturelle Stile im

Umgang mit Fehlern und Risiken sowie Fehlermuster aufgrund von Weltbildern. Die Norm der Fehlerfreiheit wurde erfunden!

Öffentliche Bedeutung gewinnt das Thema angesichts der Atomreaktorunfälle von Harrisburg und Tschernobyl. Als eine „Geburtsstunde" der interdisziplinären Fehlerforschung kann der 7. Juli 1980 gelten. An diesem Tag versammelte sich in Columbia Falls im US-Bundesstaat Maine eine internationale Gruppe von 18 Wissenschaftlern unterschiedlicher Disziplinen: am 28. März 1980 war Block 2 des Kernkraftwerks Three Mile Island bei Harrisburg geschmolzen. Die Beschäftigung mit dem Thema Fehler verändert die Sicht auf das Lernen, weg vom adaptiven Anpassen an aktuelle Anforderungen hin zum Bewältigen neuer und unbekannter Herausforderungen. In den 1990er-Jahren wird die Beschäftigung mit innovativem Lernen und der Lernenden Organisation zum Managementthema. Japan gilt als Mekka einer gelebten Fehlerkultur. Produktive Fehlerstrategien gelten als zentraler Wettbewerbsfaktor. Heute sind lernende Computerprogramme ein entscheidendes Forschungsgebiet, das sich mit der alten Norm der Fehlerfreiheit auseinandersetzen muss. Wie verändert sich das Phänomen der menschlichen Fehlernatur, dadurch dass sie auf eine prinzipiell fehlerfreie künstliche Intelligenz trifft?

Trial and error

Man darf also, kurz gesagt, feststellen, dass es bereits eine lange und facettenreiche Forschung zum Thema Fehler gibt. Erstaunlicherweise hat man aber nicht den Eindruck, dass sich die Menge an Erkenntnissen auf die Kompetenz der Menschen im Umgang mit Fehlern auswirkt. Im I Ging, dem konfuzianischen Grundlagenwerk, liest man: „Wer einen Fehler gemacht hat und ihn nicht korrigiert, begeht einen zweiten." Hierzu passt wunderbar eine Spiegel-Kolumne von Christian Stöcker im

© Frank & Timme   Verlag für wissenschaftliche Literatur

Januar 2021 mit dem markanten Titel „Der schlimmste, ärgste, längste Fehler". Es geht um die Coronapolitik und -versäumnisse der Bundesregierung etwa bei der Maskenbeschaffung. „Wie kann es sein", so Stöcker, „dass die Hochtechnologie-Nation Deutschland es nicht geschafft hat, in mehr als einem halben Jahr die Bevölkerung flächendeckend mit dem billigsten, nachweislich wirksamen Mittel zur Eindämmung der Pandemie zu versorgen?" Wir wissen nicht, ob der deutsche Gesundheitsminister Jens Spahn mit den Werken von Karl Popper vertraut ist. So wie es einst Bundeskanzler Helmut Schmidt war, der gerne bestätigte, in Krisensituationen auf die Schriften Poppers zurückzugreifen. Was wir aber anhand der Spiegel-Kolumne nachvollziehen können, ist die beeindruckende Resistenz Spahns gegen Poppers Lehre.

Für Sir Karl Raimund Popper, ein österreichisch-britischer Philosoph, vollzieht sich Erkenntnisfortschritt durch „trial and error": auf Fragen werden versuchsweise Antworten gegeben, die geprüft werden. Scheitert die Prüfung, werden neue Antworten gesucht. Betonung auf **neue!** Ansonsten – siehe I Ging. Das scheint extrem simpel zu sein, aber gerade in einer Krise ist diese Strategie die einzig erfolgversprechende. In seinem Hauptwerk „Logik der Forschung" von 1934 sagt Popper: „Ein empirisch-wissenschaftliches System muss an der Erfahrung scheitern können." Auf die Lebenswelt übertragen: Keine Angst vor Fehlern! Nicht vor dem ersten, dem zweiten, dem dritten. Nur bitte, nicht immer vor demselben! Was die Wissenschaft zum Prinzip erhoben hat, ist in der Politik das schlimmste denkbare Ereignis: ein Fehler ist begangen worden, jemand hatte Unrecht, eine Entscheidung war falsch. Für Popper ein Grund, zufrieden zu sein: Erkenntnis fortgeschritten. Für den Politiker ein Grund für Verzweiflung. Poppers Ansatz widerspricht allem, an was Politiker glauben. In der Philosophie nennt man das Induktionsproblem: Wie kann ich von empirischen Beobachtungen ausgehend allgemeine, gesetzartige Aussagen machen? Der bekannteste Begriff von Popper lautet „Falsifikation". Ich stelle eine Hypothese auf und weiß, dass sie nie bewiesen aber widerlegt werden kann. Wissenschaft liefert – wie in der Corona-Krise – angreifbare Aussagen. Etwa: „Morgen regnet es." Wenn es nicht regnet, hat der Meteorologe unrecht. Aber er hat eine Aussage gemacht, die er begründen konnte und von der Erfahrung widerlegt wurde. Ein Politiker wie, sagen wir Armin Laschet, formuliert lieber: „Morgen regnet es, oder es regnet nicht." Damit hat er immer recht. Aber – er braucht weder gute Gründe für seine Aussage, noch schafft diese einen Zuwachs an Erkenntnis. Eine falsifizierbare Aussage ist nicht „besser", ist kein Qualitätskriterium, kein Vorteil. Sie ist eine Möglichkeit, die Welt zu sehen und in ihr zu handeln.

Seit eineinhalb Jahren sehen wir, täglich und hautnah, wie Wissenschaft funktioniert – und wie Politik funktioniert. Diese setzt immer wieder neu an und lotet alle Möglichkeiten aus: sie lernt. Jene verteidigt immer wieder die bereits als Fehler erkannten Handlungsmuster: und lernt nicht. Von Groucho Marx stammt der fabelhafte Satz: „Wir müssen auch aus den Fehlern anderer lernen, denn wir leben nicht lange genug, um sie alle selbst zu machen." Das deckt sich mit den Erkenntnissen der Lernforschung: Lernen ist eine Balance zwischen Erfolgserlebnis, Herausforderung und Scheitern. Die Forschung fasst das in der 85-Prozent-Regel zusammen: Menschen lernen am besten, wenn sie 85 Prozent Erfolg und 15 Prozent Misserfolg erfahren. Keine Angst vor den eigenen Fehlern – und keine falsche Scham, die Fehler der anderen zu nutzen. Nur so findet jeder seinen „sweet spot", seinen optimalen Bereich zwischen *trial* und *error*, zwischen den Fehlern, die es sich zu machen lohnt und denen, deren Wiederholung in die Krise führt. Der Umgang mit Fehlern ist letztlich ein Wasserzeichen unseres Charakters. Und wie heißt es so richtig: „Wir mögen Menschen wegen ihrer Qualitäten, doch wir lieben sie wegen ihrer Fehler."

 © Frank & Timme   Verlag für wissenschaftliche Literatur

22 Individuum versus Kollektiv

> Sei eine erstklassige Ausgabe deiner selbst, keine zweit-
> klassige von jemand anderem.
>
> *Judy Garland*

Für den bulgarischen Politologen Ivan Krastev ist der Angriffskrieg Russlands gegen die Ukraine ein Identitätskrieg. In seinen außerordentlich klugen Analysen sieht er den Motivationskern Putins in dessen Auffassung, dass Russen und Ukrainer dasselbe Volk seien. Und genau das will er der Ukraine zeigen: Ihr seid Russen. Die Ukrainer wiederum haben spätestens seit dem Zusammenbruch der Sowjetunion zu einer eigenen Identität gefunden. Sie sind Ukrainer, keine Russen. Und ihr beeindruckender und heldenhafter Kampf ist tatsächlich ein Kampf um das Recht und die Freiheit, selbst bestimmen zu können, wer man ist. Das 21. Jahrhundert antwortet auf die hegemoniale Behauptung „Ich weiß besser als du, wer du bist" mit dem Satz: „Ich bin der einzige, der genau weiß, wer ich bin." Und ein Grund, warum Putin so penetrant den Westen als den eigentlichen Gegner propagiert, ist die simple Logik, dass, wenn Russen und Ukrainer ein Volk wären, er Krieg gegen sein eigenes Volk führen würde. Grundlage dieses komplizierten und grundlegenden Konflikts ist der Dissens zwischen Individualismus und Kollektivismus.

Die Kulturforschung hat einen Individualismus-Index entwickelt. Die neutrale Skala differenziert von Null bis Hundert beispielsweise Staaten, die mehr individualistisch oder mehr kollektivistisch geprägt sind. Die meisten europäischen Länder finden sich im individualistischen Bereich der Skala, Länder wie China oder Russland im kollektivistischen Bereich. Merkmale: In Europa stehen persönliche Freiheit und Entfaltung, Menschenrechte und Wettbewerb im Vordergrund, in China etwa soziale Verantwortung, Kooperation und harmonische Beziehungen. Die Gesellschaft gilt als erweiterte Familie, kollektive Werte wie Freundlichkeit oder Rücksichtnahme sind wichtig. China, noch mehr als Russland, zeigt, wie schwierig es ist, beide Seiten auszubalancieren. Nicht nur der ehemalige deutsche Kanzler Helmut Schmidt warnte davor, die beiden Lager zu sehr wertend zu betrachten. Individualistische Kulturen sind nicht besser oder schlechter als kollektivistische. Allerdings ist es ratsam, ihre Unterschiede zu reflektieren. Neben Gesellschaften eignen sich Unternehmenskulturen am besten, um diese Unterschiede zu untersuchen. Für Unternehmen ist es dabei nicht nur wichtig, so die eigene Identität bewusster wahrzunehmen, sondern auch Wettbewerbsvorteile daraus zu generieren.

Kulturdimension

Eines der bekanntesten Modelle, unterschiedliche Kulturen zu verstehen, stammt vom niederländischen Anthropologen Geert Hofstede. Seine *Kulturdimensionen* helfen dabei, interkulturelle Differenzen zu erkennen und zu managen. Nicht zufällig entwickelte Hofstede sein Modell in Diensten von IBM (1968 bis 1972 Befragung von 116.000 Mitarbeitern in 53 Ländern). Ein global tätiges Unternehmen war für ihn die Grundlage und das Vorbild für das, was heute unter interkultureller Kommunikation verstanden wird. Oder anders: Für Hofstede sind Unternehmen Labore, in denen Interkulturalität besonders gut erforscht werden kann. Eine zentrale Kulturdimension Hofstedes: Kollektivismus versus Individualismus. Der Gegensatz zum Individualismus, der *Kollektivismus*, sieht das Kollektiv, sei es die Nation, die Ethnie, das Geschlecht oder die Klasse, als dem Individuum übergeordnet an. Das

 © Frank & Timme   Verlag für wissenschaftliche Literatur

Individuum soll sich den Interessen des Kollektivs unterordnen. Es ist westlicher Konsens, daraus eine bewusste oder unbewusste Wertung abzuleiten. Wie gerechtfertigt ist aber diese Wertung?

Ein Unternehmen stellt eine natürliche Symbiose von individualistischen und kollektivistischen Strukturen dar. Als kollektiver Rahmen fungieren gemeinsame Produkte oder Dienstleistungen, Büros, Veranstaltungen, geschäftliche Ziele und vernetzte Aufgaben. Der Mitarbeiter, aber auch die Führungskraft verpflichten sich nicht nur rechtlich per Vertrag, sondern auch durch Teilhabe an der Unternehmenskultur, Werte, Verhaltensnormen oder Umgangsformen zu akzeptieren. Über alle Branchen oder Organisationsgrößen hinweg entsteht so eine auch heute noch sichtbare, jedenfalls erkennbare Zugehörigkeit, die nicht selten in Loyalität und Überzeugung mündet. Gleichzeitig existieren individualistische Muster, beispielsweise beim Thema Karriere, in der Beurteilung von Haltungen oder Strategien, im kollegialen Umgang oder im Umgang mit Kunden. Beides wird im Idealfall unausgesprochen synchronisiert. Ein gutes Beispiel hierfür ist die Autoindustrie, die aktuell in einer epochalen Entwicklung steckt, deren Ziel möglicherweise das Ende des individuellen Fahrens ist. Vergleicht man die Unternehmenskulturen europäischer und asiatischer Autokonzerne, erkennt man gravierende Unterschiede in Sachen Individualismus/Kollektivismus. Dennoch sind beide Regionen erfolgreich, sei es was Produkte, sei es was Service oder technologische Entwicklung betrifft. Jedenfalls kann man nicht einen eindeutigen Effekt der einen oder anderen Philosophie feststellen. Und so ist die These erlaubt, dass Unternehmen davon profitieren, hier einen intensiven internen Reflexionsprozess zu initiieren, um unproduktive Muster zu erkennen und zu beseitigen.

Humanitas

Obwohl Individualisierungsprozesse im europäischen Kulturkreis bereits in der Antike und im Mittelalter stattfanden, entsteht die für unsere Gegenwart relevante Form des Individualismus erst in der Neuzeit – und zwar mit dem *Humanismus der Renaissance*. Zentral für den Humanismus ist der Begriff der *humanitas*. Er bezeichnet die allen Menschen innewohnenden Potentialitäten. Alle Menschen sind hinsichtlich dieser Potentialitäten gleich, jedoch nicht hinsichtlich ihrer Begabungen und Talente. Die Grundgedanken des Humanismus werden im 18. Jahrhundert in der Philosophie der Aufklärung aufgegriffen und weiterentwickelt. Das Ziel der Aufklärung ist es, die durch Überlieferung und Autoritäten vermittelten Überzeugungen und Normen einer kritischen Prüfung zu unterziehen, sie gegebenenfalls zu revidieren oder zu ersetzen. Diese Prüfung soll sich an der *menschlichen Vernunft* orientieren. Dafür braucht es ein starkes Konzept vom Individuum. Immanuel Kant zufolge ist das Individuum in der Lage, sich seines Verstandes ohne die Leitung eines anderen zu bedienen. Der Einzelne soll nicht blind den Meinungen anderer folgen, sondern selber denken. Dies ist das große Versprechen der Aufklärung: wer ich bin, meine Identität, bestimme ich. Nicht Kirche, nicht Staat, nicht andere Menschen. Aber – schon Kant gibt zu bedenken, dass das nur funktioniert, wenn wir „der Freiheit anderer, einem ähnlichen Zweck nachzustreben, nicht Abbruch tun". Für einen Aufklärer ist das Individuelle wichtiger als das Kollektive, aber der einzelne Mensch ist ein Teil der Menschheit, mit der er universelle Werte und Gesetze teilt, an der Menschheitsgeschichte teilhat und am Fortschritt der menschlichen Gattung.

Seit dem 19. Jahrhundert verändert sich dieses Verständnis des Individualismus. Die *Einzigartigkeit* tritt als das wichtigste Merkmal der Individualität in Erscheinung. Der größte Wert wird auf Unverwechselbarkeit, Andersheit und Besonderheit des Einzelnen gelegt. Der *Existen-*

tialismus des 20. Jahrhunderts knüpft hier an. Der Einzelne kann seine Existenz nur aus sich selbst begreifen. Die *68er-Bewegung* macht daraus den *Selbstverwirklichungsindividualismus*. Es geht um Ich-Bezogenheit, um permanente Beschäftigung mit sich selbst. Die Menschen orientieren sich nach innen, in sozialen Beziehungen werden feste Bindungen abgelehnt. Besonders in den Städten entsteht eine Single-Kultur. Das soziale Engagement geht zurück, ebenso die Geburtenrate. Die aktuelle Variante dieser Entwicklung ist die postmoderne *Differenz*. Wir streben nach einer Vielfalt von Perspektiven, Deutungen, Lebensweisen und -entwürfen. Als Kompensation schafft die Postmoderne neue Sinngebilde, *Konstruktionen* genannt. Der Mensch stellt sich selbst und seine Welt her, scheinbar als höchste Form des Individuellen. Katalysator dieser Entwicklung ist die moderne Mediengesellschaft, die diese postmoderne Einzigartigkeit unendlich spiegelt. Eines ihrer Schlüsselwörter ist *Vielfalt/Diversität* (engl. „diversity"). Doch nur scheinbar ist diese Vielfalt die Vielfalt von Individuen. Tatsächlich ist diese Vielfalt eine der Gruppen, der Kollektive.

Diversity

Die Politik der Diversität basiert auf der Einteilung von Menschen in Kollektive. Bei der Kollektivbildung werden Menschen auf ein Merkmal reduziert – zum Beispiel Geschlecht, Hautfarbe, Ethnie – und dieses Merkmal wird als entscheidend erklärt. Diversity-Kollektive sind so häufig benachteiligt, woraus die Forderung nach Kompensation, zum Beispiel durch Quoten, entsteht. Ursprünglich wurde der Begriff etwa bei Bewerbungsverfahren benutzt, um Benachteiligungen zu reduzieren. Heute hat Diversity aber eine universelle Bedeutung erlangt: Es geht zumeist nicht um Gleichberechtigung im Sinne der Gleichheit vor dem Gesetz oder Chancengleichheit, sondern um *ergebnis- beziehungsweise öffentlich anerkannte Gleichheit.* Kurz: Die Politik der Diversität folgt einem kollektivistischen Konzept. Das, was als Stärkung und Weiterentwicklung individualistischer Lebenswelten begonnen hat, funktioniert häufig als Verstärkung kollektiver Machtstrukturen. Ist diese Entwicklung denen klar, die sich – etwa in Unternehmen – leidenschaftlich für den Gedanken der Diversity engagieren?

Corporate Identity

Für Hofstede ist die Kultur eine *mentale Software*. Sie ist wie ein White-Net neben dem Intranet oder Google, wie eine unabhängige Stimme neben dem Mainstreaming. Der Philosoph Karl Popper hat einmal gesagt: „Es gibt zumindest ein philosophisches Problem, an dem alle denkenden Menschen interessiert sind: die Welt zu verstehen, in der wir leben und uns selbst." Auch für Unternehmenskulturen gilt, dass allen Menschen in einer Organisation gemein ist, dass sie verstehen wollen, wie diese funktioniert und wie es um ihre Rolle in ihr bestellt ist. Nicht nur in Krisen oder anlässlich von Fusionen oder großen Umstrukturierungen ist es entscheidend, die Corporate Identity im Großen wie im Kleinen zu reflektieren. Hofstedes Kulturdimension Individualismus/Kollektivismus ist dafür ein Instrument. Es ist geeignet, neue Perspektiven zu eröffnen, Dinge neu wahrzunehmen, sich selbst in neue Kontexte zu stellen. Das kann nur nutzen.

Zurück zum Anfang: Viele Menschen glauben, dass es den Dritten Weltkrieg nicht gegeben hätte. Dabei hatte er nur einen anderen Namen, wir nannten ihn den Kalten Krieg. Wir verorten ihn im 20. Jahrhundert und sehen das 21. Jahrhundert als eine Zeit, die sich mit substanzielleren Fragen, etwa Klima oder Ernährung, auseinandersetzt – und nicht mit ideologischen Spiegelfechtereien. Der Ukraine-Krieg zeigt uns – wie fassungslos uns das auch macht –, dass es mehr Gleichzeitigkeit als

   © Frank & Timme   Verlag für wissenschaftliche Literatur

Fortschritt gibt als wir dachten. Die Diskussion über Individualismus und Kollektivismus hilft bei der Beantwortung der Frage nach unserer Identität. Und es ist kein Rückschritt, sich mit Themen auseinanderzusetzen, die als bereits beantwortet galten. Unser Narrativ müssen wir immer wieder neu in die Hand nehmen.

23   Wann wissen wir genug?

Herr und Meister! hör mich rufen! –
Ach, da kommt der Meister!
Herr, die Not ist groß!

J. W. v. Goethe

Wie nachhaltig kann Führung sein, wenn die moderne Welt uns permanent den Eindruck vermittelt, dass wir nie genug wissen? Wissen gilt aber als notwendiges Asset einer Führungskraft. Wann weiß man als Chef genug? Oder geht es darum, einen besseren Begriff von Wissen mit Führungsverhalten zu verbinden? In Johann Wolfgang Goethes Gedicht „Der Zauberlehrling" gerät der Azubi des Zaubermeisters in Bedrängnis. Er weiß nicht den entscheidenden Spruch, um eine selbst fabrizierte Krise zu bewältigen. Dieses Wissen besitzt nur der Meister. So war das Arbeitsleben Jahrtausende organisiert. Wissen war gebunden an Wissensträger, es war etwas Handfestes wie eine Adresse oder ein Werkzeug. In der postmodernen agilen Welt soll das anders sein. Der Meister – wenn es ihn denn noch gibt – teilt Wissen, ist selbst Teil eines dynamischen Prozesses von Erwerb, Nutzung und Weitergabe von Wissen. Das klingt großartig, und man sieht geradezu die agilen Sprinter auf ihren kurzen Wegen zwischen Vorstandsbüro und Kantine. Man fragt sich nur: Warum redet alle Welt gerade heutzutage immerzu von Verschwörungstheorien, fake news, alternativen Wahrheiten, relativistischen Ideologien, kurz: von einem keineswegs sicheren und souveränen Fundament des Wissens, das unser Leben bestimmt? Leider muss man stattdessen konstatieren: Die Corona-Krise ist auch eine Krise des Wissens.

Was kann ich wissen, wenn alles nur relativ zur Kultur, Sprache und Gesellschaft ist, wie heute Vertreter der linken wie rechten Identitätspolitik behaupten? Was soll ich tun, wenn Willensfreiheit eine Chimäre ist, nicht mehr als ein logarithmisches Kalkül, wie die Visionäre der großen Tech-Konzerne glauben? Was, wenn es keine objektive Wahrheit, kein objektives Wissen, sondern nur politisch motivierte Meinungen gibt? Der Bonner Philosoph Markus Gabriel hält das für „postmodernen Unsinn". Das Argument, das Gabriel in seinem neuen Buch „*Moralischer Fortschritt in dunklen Zeiten*" gegen die postmoderne Tatsachenflucht vorbringt, erinnert an den berühmten Cogito-Gedanken von René Descartes: Genauso wie dieser nicht an der Einsicht vorbeikam, dass, wenn ich an allem zweifle, doch zumindest eines gewiss bleibt, nämlich dass ich gerade zweifle, so behauptet Gabriel nun, man könne dem Wirklichen nicht durch die Behauptung entkommen, dass es nur mediale, vermittelte Weltzugänge gebe. Denn wenn es mediale Weltzugänge gibt, die uns das Wirkliche verstellen oder nur verzerrt zugänglich machen, dann gibt es immerhin diese medialen Weltzugänge, und zwar wirklich. Aber beruhigt ein solches Argument – wirklich? Und taugt es für eine Führungskraft, die Orientierung benötigt?

Ethikorientierte Führung

Eine populäre Strategie bietet die sogenannte ethikorientierte Führung. Ihr Vorteil ist es, dass es zahlreiche Quellen und Paten in der Philosophiegeschichte gibt, die man zu Rate ziehen kann. Ihr Kernsatz: Moralische Gründe sind vorrangig vor anderen Gründen, etwa Profitmaximierung. Moralische Werte dienen ihr als Leitplanken von Handlungen. Eine ethikorientierte Führungskraft wendet sich aus moralischen Gründen gegen bestimmte Verhaltensweisen. *Reines* Gewinnstreben beispielsweise, ohne die betroffenen Menschen mit ihrer

 © Frank & Timme Verlag für wissenschaftliche Literatur

Menschenwürde wahrzunehmen oder die Auswirkungen auf die Natur zu berücksichtigen, wird eine ethikorientierte Führungskraft ablehnen. Ihre Themen findet man allerorten: Hans Jonas postuliert das Prinzip Verantwortung für die technologisch geprägte Welt, Immanuel Kant meint einen Imperativ im Menschen auszumachen, der ihn moralisch agieren lässt, Aristoteles betont die Vorbildfunktion des Führenden, Jean Jacques Rousseau sieht das Gemeinwohl als idealen Kompass an, Thomas Hobbes setzt auf Regeln, um moralisches Handeln zu sichern, John Stuart Mills glaubt, dass man auch persönliche Einschnitte hinnimmt, wenn dies dem allgemeinen Wohlergehen nützt, Karl Popper hält Fehler und Fehltritte für die besten Lehrmeister und vertraut der Macht des guten Arguments. Bereits diese kleine Aufzählung zeigt, wie vielfältig die Ansätze der ethikorientierten Führung sind und wie vielfältig der praktische Nutzen solchen Gedankenguts sein kann. Ihre entscheidende Schwäche liegt darin, dass sie daraufsetzt, dass eine bestimmte Theorie uns so überzeugt, dass wir sie als unser Führungsleitbild nutzen wollen. Wäre das genug, und wollen wir das überhaupt?

Lob der Aporie

Wenn wir uns in der Philosophie umschauen, wo man eine überzeugendere Geschichte zu diesem Dilemma findet, stößt man schnell auf den *Theaitetos* (Θεαίτητος). Der ist ein literarisch gestaltetes Gespräch des griechischen Philosophen Platon, in dem Sokrates und zwei Mathematiker versuchen herauszufinden, worin Erkenntnis besteht und wie man Wissen von Behauptungen unterscheiden kann. Drei Punkte erscheinen dem heutigen Leser von besonders aktueller Brisanz.

1. Platon präsentiert wie üblich Sokrates' Lehren als ein Gespräch, das so aber auch anders stattgefunden haben kann.

Platons Leser muss also a priori die Entscheidung treffen, ob er das Gespräch für einen historischen oder literarischen Text halten soll.

2. Das Gespräch endet in einer Aporie, Platon bietet uns keine Lösung an, die Geschichte hat keine Moral. Das mag für den einen oder anderen Leser unbefriedigend sein, gehört aber auch (so sieht es die Rezeptionsforschung) zu den Stärken des Werkes.

3. Platon lässt uns nicht völlig ohne Hinweise, wie man mit der Unterscheidung von Wissen und bloß Behauptetem praktisch umgehen kann. Und seine Analyse scheint auch heute noch ein sehr guter pragmatischer Ansatz zu sein.

Für Platon macht es Sinn, sich das Thema Wissen in drei *Zustandsformen* vorzustellen. Alles beginnt mit unserer Wahrnehmung. Was wir nicht wahrnehmen, darüber können wir auch kein Wissen erlangen. Wenn wir uns aufgrund der Wahrnehmung eine Meinung gebildet haben, heißt das noch nicht, dass wir diese auch äußern können. Dafür muss nach Platon das Element des *Logos* dazukommen. Man könnte sagen, die Meinung bekommt ein Kleid. Meistens ist das ein Begriff, es kann aber auch – etwa durch die Kunst – eine andere Gestalt sein, ein Bild etwa oder Musik. Die höchste Stufe des Wissens ist schließlich eine Wahrnehmung, für die wir eine Form, ein Kleid gefunden haben und die zugleich den Kern, das Wesen des Wahrgenommenen beschreibt. Vor allem diese Qualität macht echtes Wissen aus.

Wissenserwerb: aufwendig

Platon verlangt viel von uns, auch wenn es vielleicht nicht so aussieht. Und das ist auch gleich seine erste Lehre: Wissen erwerben wir nicht

© Frank & Timme   Verlag für wissenschaftliche Literatur

ohne Mühen. Die drei *Zustandsformen* machen zuerst einmal deutlich, wie aufwendig Wissenserwerb ist. Diese schlichte Erkenntnis ist ein guter Wegweiser für den Alltag. Den Führerschein machen an einem Wochenende im Nachbarland, eine Sprache in 20 Minuten lernen oder eben als Führungskraft „mal eben" mit drei goldenen Regeln die Mitarbeiter instruieren und motivieren – das funktioniert nicht. Crash-Kurse sind eine Erfindung der Neuzeit – genauso wie der Crash selbst. Platon hingegen würde zu Neugierde raten, gepaart mit Geduld, Ausdauer und Gelassenheit. Unser Wahrnehmen nimmt kein Ende, ebenso wie unser Erwerb von Wissen. Und wenn man einen Link zur agilen Führung sucht: Führen sollte selbstständige, unverstellte Wahrnehmung ermöglichen, was im Zweifelsfall bedeutet, Führung abzugeben. Und Führung sollte Zeit und Mittel bereitstellen, Wissenserwerb seriös betreiben zu können. Sprints können einen schneller und rechtzeitig ans Ziel bringen, man kann aber auch am Ziel vorbeisprinten. Der Begriff Nachhaltigkeit leistet an dieser Stelle gute Dienste. Denn mit ihm wird ein Prinzip beschrieben, nach dem „nicht mehr verbraucht werden darf, als jeweils nachwachsen, sich regenerieren, künftig wieder bereitgestellt werden kann". Das hat auch bei Wissenserwerb und -nutzung seine Gültigkeit.

Wissen und Kommunikation

Der zweite Hinweis, den man aus dem *Theaitetos* filtern kann, ist mit der Fähigkeit verbunden, den Logos mit der Wahrnehmung zu verbinden. Man würde heute von Kommunikationsfähigkeit sprechen. Die Metapher des Kleides für den Logos einer Wahrnehmung macht auch hier Sinn: Kommunikation sollte wie das richtige Kleid zum richtigen Anlass sein. Das Kleid sollte nicht von der Stange sein, sondern solide und haltbar, alle, die es nutzen, sollten an seiner Auswahl beteiligt werden. Und ein solches Kleid macht Leute, ist im besten Fall wie eine Marke, die in einem konzentrierten positiven Begriff oder Bild eine komplexe Wahrnehmung auf das Wesentliche reduziert. Eine Führungskraft, die das vermag, bietet Orientierung und lässt zugleich Raum für Individualität. Nicht zuletzt in Krisenzeiten ist es entscheidend für Organisationen, ihr Krisenmanagement in dieser Weise zu fokussieren. Krisen sind wahre Begriffsgeneratoren. Man kann sie nutzen – über die Krise hinaus.

Der letzte „Tipp" Platons ist zweifellos der anspruchsvollste. Die beiden ersten Zustandsformen des Wissens erleben wir tagtäglich in ihrer ganzen Unvermeidbarkeit in den Medien. Wahrnehmungen (bestenfalls) werden zu Meinungen, Meinungen werden veröffentlicht, geteilt, geliked oder gehated, kommentiert und paraphrasiert. Nicht selten ist nicht die Sache, sondern nur der Meinungsreigen wichtig. Diese gesellschaftliche Gier nach Belanglosem und Ephemerem ist solange akzeptabel, wie es eine Balance gibt in Form einer Kommunikation, die sich um das Wesen, den Kern der Dinge kümmert. Im Journalismus etwa wäre das die seriöse Recherche, in der Wissenschaft die Quellenkunde, im Alltag das aktive soziale Netz von Familie, Freunden oder Kollegen. Und im Unternehmen, in der Welt der Führungskräfte? Was wäre hier ein Pendant? Möglicherweise wäre es eine Position, die der Platons entspräche und die man folgendermaßen zusammenfassen könnte: Sei unermüdlich und mutig in deinen Wahrnehmungen, bemühe dich permanent, diesen Wahrnehmungen das beste Kleid zum besten Anlass anzuziehen und versuche mit anderen (Kollegen, Kunden etc.) zusammen, nicht bei Meinungen stehenzubleiben, sondern zum Kern der Dinge vorzustoßen. Nicht alles zu wissen ist entscheidend, sondern authentisch zu sein in dem, was man weiß. „Eine Dame", sagt Yves Saint Laurent, „trägt keine Kleider. Sie erlaubt den Kleidern, von ihr getragen zu werden."

© Frank & Timme   Verlag für wissenschaftliche Literatur

24 Datenlesefähigkeit contra Krisenlesefähigkeit

> „Eine Krise ist ein produktiver Zustand. Man muss ihr
> nur den Beigeschmack der Katastrophe nehmen."
>
> *Max Frisch*

Ursprünglich bezeichnet die Krise einen Punkt der Entscheidung: eine Wende wird erkannt. In der Medizin geht es um Leben oder Tod, in der Welt des Militärischen um Sieg oder Niederlage. Und in der Welt der Wirtschaft? Worum geht es in ihr? In der Antike galt ein kleiner Ort etwa 120 Kilometer südlich von Athen als der Mittelpunkt der Welt. Der Grund war, dass in Delphi am Hang des Parnass die renommierteste Weissagungsstätte zu finden war. Zum damaligen Orakel pilgerten Menschen aus der ganzen (bekannten) Welt, um sich ihr persönliches Schicksal oder die Zukunft vorhersagen zu lassen. Heute wäre möglicherweise die nordamerikanische Stadt Medina am Lake Washington ein solcher potentieller Pilgerort, wo Bill Gates zuhause ist. Der hatte bereits 2015 auf einer Konferenz eine solche Pandemie, wie die Welt sie zurzeit durch Covid 19 erlebt, vorausgesagt und deren Eintritts- und Gefahrenpotential weit höher eingeschätzt als beispielsweise einen nuklearen Krieg. Ob nun Delphi, Medina oder Berlin, wo das Robert Koch-Institut derzeit für Vorhersagen zuständig ist, in Krisenzeiten rückt die Zukunft unweigerlich in den Fokus. Und mit ihr rückt eine Spezies in den Vordergrund, die sich der Spekulation für kundig hält. Unglücklicherweise finden sich in dieser Zunft zwei sehr unterschiedliche Spezies. Man könnte sie folgendermaßen kennzeichnen: Die einen, hier trifft der Name Spekulant tatsächlich zu, behaupten aufgrund von bloßen Annahmen, Mutmaßungen oder Erwartungen, dass etwas eintrifft. Die anderen, zumeist als Philosophen bezeichnet, bieten lediglich Hypothesen, die über die erfahrbare Wirklichkeit hinausgehen, die aber nachvollziehbaren Regeln folgen. Von den einen sollte man sich tunlichst fernhalten, von den anderen würde man sich heute mehr Präsenz wünschen. Sie bilden mit ihrer arteigenen Skepsis ein gesundes Gegengewicht zum allumfassenden Populismus, einer Spielart des Spekulantentums. Die folgenden Gedankengänge sind dem Wunsch verbunden, dass in der Wirtschaft, in Unternehmen ein wenig mehr Philosophie gewagt werden möge.

Sind Krisen Disruptionen?

Wenn wir heute über Krisen reden, über die Corona-Krise beispielsweise, meinen wir einen außergewöhnlichen, von der Normalität abweichenden Zustand. Und dieser Zustand soll so schnell es geht wieder in das zurückfinden, was wir als Normalität wahrnehmen. Die Krise ist die Ausnahme der Regel, des Ge-Regelten. Und sie kann die Regeln neu definieren. Ist sie also vergleichbar mit dem, was uns seit einiger Zeit als disruptives Management angepriesen wird? Nur eben nicht als Ergebnis einer Managemententscheidung, sondern als Naturzustand. Und wenn ja, wäre der größte Fehler, den wir begehen könnten, den Vor-Krisenzustand wiederherzustellen?

Wir verstehen heute Krisen als einen dreiphasigen Prozess: Vor der Krise existiert (zumeist retrospektiv betrachtet) ein fragiler, nicht ausbalancierter Zustand. Durch Ereignisse oder Versäumnisse eskaliert dieser Zustand, besteht als Krise, als abnormes, labiles Aggregat eine zeitlang, um dann in einen (synchronisierten) Post-Krisenzustand zu

© Frank & Timme   Verlag für wissenschaftliche Literatur

münden. Die Aktivitäten in der Krise konzentrieren sich auf zwei Themen:

1. Beseitigung bzw. Kompensation der Ursachen
2. Modifizierung des „Geschäftsbetriebs", des Normalzustands, um diese Auswirkungen abzufedern

Ein drittes Thema, nämlich die kreative, manchmal sogar innovative Bewältigung findet sich deutlich seltener. Was nicht nur bedauerlich ist, sondern auch durchaus verwundern kann. Denn Krise und Innovation ähneln sich strukturell überdeutlich: Ein alter Zustand wird durch einen neuen ersetzt, hier unkontrolliert, dort willentlich. Innovationen greifen nicht von heute auf morgen, sie produzieren eine Phase der Friktionen und Widerstände. Und nicht zuletzt: Insbesondere bei großen Krisen, der Finanzkrise oder jetzigen Coronakrise, entwickelt die Krise eine Dynamik über ihren Ursprung hinaus, über die Finanzbranche, über das Gesundheitssystem. Und weil das so ist, wäre es da nicht naheliegend, das Krisenmanagement auch über die (Fach-)Grenzen der jeweiligen Zuständigkeit auszuweiten? Wäre es nicht gut, die Krise nicht (nur) als Regelkreisfunktion, sondern als heuristisches Momentum zu verstehen – und zu nutzen? Nicht als Erfüllungsbegriff für eine vermeintliche Wachstumsbeschleunigung, sondern (wenigstens auch) als retardierendes, reflexives Element einer nachhaltigen Organisationsentwicklung?

Über das Geschäft hinaus

Unternehmen funktionieren in dieser Hinsicht nicht anders als Gesellschaften oder jede andere Form sozialer Organisationen. Und es sollte nicht zu viel verlangt sein, von Unternehmen in einer Krise dieselbe

Innovationsfähigkeit *über* ihr Geschäft hinaus zu erwarten, wie man es von ihnen in Bezug *auf* ihr Geschäft erwartet. Eine Krise kann zu einem massiven Einbruch der Erträge führen, im Extremfall in die Insolvenz führen. Eine Krise kann aber auch die Chance sein, Kunden und Nicht-Kunden zu beeindrucken, einen riesigen Bonus an Reputation aufs Firmenkonto einzutragen und die Loyalität von allen Stakeholdern nachhaltig zu steigern.

Grundvoraussetzung ist die Fähigkeit, sich selbst zu hinterfragen, zu analysieren und innovativ über die eigenen Routinen nachzudenken. Mit anderen Worten: eine philosophische Perspektive einzunehmen. In der langen Geschichte der Philosophie werden lediglich zwei wesentliche Motive zu philosophieren genannt: das Staunen und der Zweifel. Beide Eigenschaften, beide Fähigkeiten sind sowohl Grundvoraussetzungen beispielsweise für erfolgreiches Wirtschaften, für Innovationskraft als eben auch für Krisenbewältigung. Allerdings – bekäme diese Aussage für Beispiel eins und zwei große Zustimmung, für Beispiel drei deutlich weniger. Die beiden Grundmotive korrespondieren: das Staunen führt durch den Zweifel zu veritablem Wissen, für den Zweifel ist das Staunen ein konstruktives und inspiratives Element. Beides gehört zu den Basisbausteinen einer erfolgreichen Unternehmenskultur.

Vertane Chance

Am 23. März 2020 veröffentlichte die Bundesregierung ihr historisches Rettungspaket zur Bekämpfung der wirtschaftlichen Schäden durch die Corona-Pandemie. Das Maßnahmenpaket weist ein Volumen von 750 Mrd. Euro aus und erhöht die Neuverschuldung um 156 Mrd. Euro. Ein wesentlicher Kern des Soforthilfe-Paketes sind Kredite für Firmen, die über die KfW zu 90 Prozent besichert werden. Keine zwei Wochen später muss Wirtschaftsminister Peter Altmaier den Deal bereits modifizieren: Mit Hilfe der EU wird die Besicherung auf 100 Prozent geschraubt. Der Grund: Die Banken scheinen nicht bereit, das Wort „Soforthilfe" in der Praxis mit Leben zu erfüllen. Zahllose Beschwerden von Unternehmern und Selbstständigen gehen im Ministerium ein, die Verbraucherschützer melden sich lautstark zu Wort. Auf den meisten Websites der Banken finden sich aber noch Wochen nach Verabschiedung des Hilfspaketes unverdrossen dieselben Vergabekriterien für Kredite wie vor der Verabschiedung des Rettungspakets. Gut zehn Jahre nach der Finanzkrise sind die Unternehmenskulturen der Branche keinen einzigen Schritt weiter gekommen: die üblichen Prüfroutinen mit ein wenig PR-Lack überzogen. Wäre es so unvorstellbar, wenn die Finanzindustrie in dieser – von ihr nicht verschuldeten – Krise dem Dienst an der Allgemeinhalt dem Diktat des Profits den Vorzug gäbe? Und wäre es weiterhin unvorstellbar, wenn sie mit dieser Strategie ökonomisch sogar erfolgreich sein würde?

Erscannen statt erkennen

In seinem Buch „Das metrische Wir" konstatiert der Soziologe Steffen Mau die Quantifizierung des Sozialen durch Ratings, Rankings, Scorings und Screenings. Wir trainierten uns Wahrnehmungs-, Denk und Beurteilungsschemata an, die sich zunehmend an Daten und Indikatoren ausrichten. Indem wir das tun, verändert sich auch die Art und Weise, wie „das Wertvolle oder Erstrebenswerte verstanden wird". Heute würden wir eher in einer Bewertungsgesellschaft denn in einer Wertegesellschaft leben. In der Datenwelt der Gegenwart sind Leistungs- und Performancemessungen das Kerngeschäft sozialer Bewertung. Und sie fußen dabei immer auf einer reduktionistischen Vorstellung, was relevante Leistung eigentlich sei. Das funktioniert, weil alles zum Wettbewerb wird. Bislang Unvergleichliches wird vergleichbar und damit wettbewerbsfähig gemacht. Dieser Aspekt der seit Langem beobachteten Ökonomisierung der Welt führt insbesondere in Krisenzeiten, in Zeiten großer Unsicherheit, zu einer umfassenden Produktion glaubwürdiger Fiktionen. Diese Fiktionen, diese „Gewissheitsäquivalente" stehen für eigentlich individuelle Verfassungen – gesund, wohlhabend, glücklich usw. – die durch die Quantifizierung des Sozialen zu Allgemeingültigkeiten erklärt werden, gewissermaßen einem ontologischen Body- und Seelenmaßindex. Es gilt nicht mehr das alte „Erkenne dich selbst", sondern das neue „Erscanne dich selbst". Das Schweizer Health & Lifestyle-Unternehmen Dacodoo propagiert sogar einen „persönlichen Aktienkurs der Gesundheit".

Obwohl sich der Siegeszug quantitativer Bewertungsformen durchaus als Verlust professioneller Kontrolle interpretieren ließe, welche durch die Macht der Laien und des Publikums ersetzt wird, scheinen sie sich unaufhaltsam durchzusetzen. Und gerade in Krisen mag die Quantifizierung, die naturgemäß Komplexität reduziert, den Bedürfnissen der Menschen entsprechen. In Unternehmen führt dies vor allem dazu, dass Krisenlesefähigkeit durch Datenlesefähigkeit ersetzt wird. Krisen werden aber nicht durch gute oder schlechte Daten gemeistert, sondern durch Menschen, die aufgrund von datenübergreifenden Erkenntnissen gute Entscheidungen treffen.

Identität und Kontinuität

Die Inschrift über dem Orakel von Delphi γνῶθι σεαυτόν, „Erkenne dich selbst", wollte dem Ratsuchenden klarmachen, dass Selbsterkenntnis Bedingung der Möglichkeit jeder weiteren Erkenntnis ist. Erkenne, dass du ein Mensch bist. Und der Mensch, so sagte der Philosoph Carl Friedrich Gethmann vor kurzem, ist „das Wesen, das immer in der Krise lebt". Womit zuerst keine äußeren Krisen gemeint sind, sondern

© Frank & Timme   Verlag für wissenschaftliche Literatur

die Krisen des menschlichen Daseins: Krankheiten, Pubertät, Liebe, Verluste. Immer wird die Kontinuität des Lebens bedroht, wieder und wieder muss der Mensch um seine Identität kämpfen, die sich wesentlich formuliert in der Kontinuität seines Selbst. Aber Identitätskrisen sind immer auch Sollbruchstellen der persönlichen Weiterentwicklung, wie besonders die Pubertät zeigt. Zu diesem Thema hat Viktor von Weizsäcker seinen „Gestaltkreis" entworfen, der für die Medizin erstmals eine fruchtbare Preisgabe der (Rollen)Identität einfordert, durch die Patienten zu Subjekten werden können – und nicht zu behandelnde Objekte bleiben. Die Krise könnte in diesem Sinne für die Wirtschaft, für Unternehmen eine großartige Inspiration sein, die den Gedanken fördert, dass Ökonomie nicht bedeuten muss, dass sich Kunden (respektive Menschen) und Unternehmen (respektive Menschen) zueinander verhalten wie Subjekte und Objekte. Sondern wie zwei Elemente einer gemeinsamen Identität.

25 Freundliche Vorhersage kommender Krisen

> „Es scheint, dass Ende des 19. Jahrhunderts und zu Beginn des 20. Jahrhunderts die Konfliktphilosophien eine Ausweitung und Vertiefung erfahren hätten; der Konflikt ist nicht mehr von Übel, sondern ein Motor, eine Funktionsweise.“
>
> *Roland Barthes*

Eine Krise, die man kommen sieht, ist keine Krise. Oder? In dem Hollywood-Film „Minority Report" geht es um die Vorhersage von Verbrechen. Das Verbrechen, das vorhersagbar ist, ist vermeidbar; die Polizei verhaftet den Täter, bevor dieser seine Tat begehen kann. Lässt man sich auf den Plot ein (und ignoriert die zahllosen Ungereimtheiten), stellt sich unter anderem die Frage: Wer definiert das Verbrechen? Wer sagt, was vermieden werden sollte und was nicht? Es sind immer Fragen hinter den Fragen (Wer hat Schuld? Wie wird was gewichtet? Welche Interessen führen unbewusst oder bewusst zu welchen Urteilen?), die aus einer vermeintlich eindeutigen Sichtweise oder Entscheidung eine philosophische Fragestellung machen.

Aktuell wird das lehrbuchhaft am Phänomen der „Klimakleber" der Aktionsgruppe „Letzte Generation" vorgeführt. Hatte schon das Verunreinigen von Kunst zu öffentlichen Debatten geführt, entwickelt sich nun die Diskussion über die Behinderung des Straßenverkehrs durch auf dem Asphalt klebende Aktivisten zu einer die deutsche Gesellschaft spaltenden Angelegenheit. Für die Generalstaatsanwaltschaft München ist hier eine „kriminelle Vereinigung" am Werk, was augenscheinlich rechtfertigt, die Website der Gruppe zu kapern, Telefonate von Journalisten und Klimaaktivisten abzuhören und – ein Höhepunkt – am 24. Mai 2023 Razzias in 15 Wohnungen von Aktivisten durchzuführen. In den Medien ist der lange (nicht wirklich) vermisste Begriff des „Unterbringungsgewahrsams" wieder zu finden, angewendet auf junge Menschen, die nicht etwa Weihnachtsmärkte oder von Migranten betriebene Geschäfte attackieren, sondern darauf aufmerksam machen wollen, dass zu wenig für den Klimaschutz getan wird. Offenkundig finden sich nicht wenige Fans von Tom Cruise und seinem „Minority Report" in den Reihen der bayrischen Justiz. Oder wie ist zu erklären, dass Justiz und Ordnungsbehörden völlig untypisch schnell und konsequent vorgehen? Sogar *vor* der möglichen Straftat! Wie oft hätte man sich das gewünscht! Und wenn Innenministerin Nancy Faeser, nachdem Aktivisten auf deutsche Flughäfen geradelt und dort den Flugverkehr kurzfristig lahmgelegt hatten, mit fester Stimme verkündet, es werde „demnächst tatsächliche Standards für die Betreiber kritischer Infrastruktur geben", was „zu einer besonderen Sicherheit der Flughäfen" führen werde, denkt man unwillkürlich an den Fischhändler, der beteuert, demnächst nur noch frischen Fisch verkaufen zu wollen. Unstreitig ist: Mehr Klimaschutz ist keine verwerfliche Forderung. Unstreitig ist: Die Aktivisten greifen nicht zu Mitteln der Gewalt. Und ja, niemand dürfte frei von Ärger sein, gegebenenfalls Unannehmlichkeiten auszuhalten, der zufällig in eine Klimakleber-Aktion gerät. Und ob die Aktionen dem Klimaschutz helfen, kann schwerlich beantwortet werden. Aber eine andere Frage, die ins Zentrum jeder Krisenpsychologie verweist, wäre durchaus einer Antwort wert: Warum reagiert hier die Gesellschaft so massiv? Warum werden, wenn Autofahrer oder Flugreisende warten müssen, Klimakleber brutal vom Asphalt gezerrt, hingegen etwa das Personal in Zügen der Deutschen Bahn auch bei stundenlangen Verspätungen nicht verprügelt (was gut ist!)? Warum

© Frank & Timme   Verlag für wissenschaftliche Literatur

diese Unverhältnismäßigkeit? Für den Publizisten Roland Tichy sind das Bilder einer „infantilen Gesellschaft", die rebellierende gelangweilte Wohlstandskinder mit Nachsicht in ihre wohlverdienten Schranken weist. Auch eine Perspektive. Die – wie so viele andere – dazu führt, das Problem fein säuberlich in das Regal einer Behörde einzusortieren – und zu vergessen.

Ach, die Zukunft!

Irgendwann wird der erste Mensch einmal etwas über die Zukunft gesagt haben, was dann tatsächlich eintraf. Vermutlich irgendetwas Schreckliches. Das, was wir heute (und in Zukunft noch mehr) der Künstlichen Intelligenz überlassen, war über die Geschichte hinweg die Aufgabe zahlloser Autoritäten. Und man könnte sagen, dass wir heute mit der Nutzung der KI wieder bei dem Modell angelangt sind, das zweifelsohne als das erfolgreichste angesehen werden kann: die Prophetie oder Weissagung. Im Gegensatz zu diversen anderen auf sie folgende Methoden hat sie einen wirklich beneidenswerten Vorteil: Die Vorhersage der Zukunft beruht bei ihr auf einer Quelle, die nicht selbst vorhersagt, sondern sich eines Maklers bedient, der sie verkauft. Die IT'ler der Geschichte waren in dieser Hinsicht die Religionsdiener dieser Welt, die mit der Verkündung der göttlichen Wahrheiten den Weg der Zukunft skizzierten. Es ist eine bunte Szene der Wahrsagerei, der Mantik, der Zukunftsdeutung, die angefüllt ist mit skurrilem Interieur, mit Präkognitionen, Hand- und Kartenlesekunst, mit Eierorakeln und Kristallkugeln und schließlich, in der Neuzeit, mit wagemutigen Prognostikern und ihren wissenschaftlichen Methoden. Und es sind schillernde Gestalten, die der Szene Glanz verleihen, von Nostradamus und Galilei über Rasputin, Baba Wanga oder Agnes Nutter mit ihren *„Nice and Accurate Prophecies"*. Doch keine Kunst überdauert die Jahrtausende so wie das Konzept der Weissagung. Denn Basis der simpelsten Wettervorhersage und der komplexesten Weltuntergangsprophetie ist immer das Wissen. Und kein Wissen ist so überzeugend wie das Wissen derer, die allwissend sind. Der Priester berichtet, was der allwissende Gott ihm offenbarte. Und wenn es nicht eintritt, nun, das ist dann nicht dem Gott anzulasten, sondern der Übersetzungsqualität des Priesters. Diese Form der Rückversicherung hat auch in der Neuzeit ihre Gültigkeit nicht verloren, wenn aus einer praktisch unendlichen Datenflut eine Prognose errechnet wird.

Um genau diese eine Frage dreht sich das Issues Management, das versucht, zukünftige Krisen vorherzusagen. Diese Krisenfrüherkennung ist einerseits ein archaisches Geschäft, andererseits eine quasi-wissenschaftliche Disziplin. In seinem Buch „Die Geschichte der modernen Risikogesellschaft" begeistert sich etwa der Investmentbanker Peter L. Bernstein für die Wahrscheinlichkeitstheorien und ihre Wirkung auf das moderne Finanzsystem. Er spannt den Bogen vom antiken Glücksspiel zu hochkomplexen Wahrscheinlichkeitsberechnungen, die beide versuchen, einen Blick in die Zukunft zu werfen. Er gesteht zu, dass es immer Reste, Fragmente, Hintertüren der Wirklichkeit geben wird, die auch die schlauste Berechnung, die genialste Kalkulation nicht einfangen. Und er beendet mit einem wunderbaren Zitat des englischen Schriftstellers G. K. Chesterton seine Ausführungen: „Die häufigste Art von Problemen rührt daher, dass sie beinahe vernünftig ist, aber eben doch nicht ganz. Das Leben ist keine unlogische Angelegenheit, trotzdem stellt es für die Logik eine Falle dar." Dasselbe trifft auf das Issues Management zu: Die Krisen, die es erkennt, sind nicht unbedingt die großen Krisen, da die Prägnanz ihrer Vorzeichen häufig nicht mit der Schlagkraft ihrer Auswirkungen korrespondiert. Und selbst wenn eine große Krise früh erkannt wird, heißt das nicht, dass ihre Auswirkungen zugleich sichtbar, geschweige denn anerkannt werden. Ein Beispiel: 1999 installierte die Deutsche Bank das erste offizielle Issues Management der

© Frank & Timme   Verlag für wissenschaftliche Literatur

Finanzbranche in Deutschland. Vor dem Hintergrund des Kaufs von Bankers Trust, mit dem das Institut zur größten Bank der Welt avancierte, schien es eine gute Idee, die Risiken und Chancen dieser Fusion systematisch zu prüfen, um – im Idealfall – sich anbahnenden Problemen frühzeitig begegnen zu können. Das Experiment währte nicht lange. Rückblickend, folgt man den Finanzplatzbeobachtern, dürfte es einen Zusammenhang geben zwischen der Entscheidung, sich weniger um die zukünftigen Auswirkungen prägender Entscheidungen, deren Einschätzung und Krisenpotential zu kümmern und mehr um die Maximierung des Geschäfts. Die über fast 20 Jahre anhaltende Dauerkrise des Unternehmens lässt sich hiervon nicht trennen.

Aus Sicht des Issues Managements gibt es dafür drei hauptsächliche Gründe. 1. Interesse und Wille: Wie bereits am Anfang dieses Buches beschrieben, sind Krisen keine absoluten Ereignisse, für Menschen nicht und auch nicht für Unternehmen. Es gibt Schwerpunkte, Perspektiven, Interessen und blinde Flecken. Ohne eine Anamnese dieser Gemengelage ist Issues Management und auch Krisenmanagement nicht sinnvoll. 2. Ressourcen und Technologie: Wenn es um Probleme der Wahrnehmung geht, sind optische Instrumente sehr hilfreich. Es wäre dumm, auf sie zu verzichten. Die Frage ist nicht, was wir mit ihnen besser wahrnehmen, sondern was wir, wenn wir sie nutzen, nicht mehr wahrnehmen. 3. Haltung und Charakter: Jede Wahrnehmung, der Vergangenheit, Gegenwart oder Zukunft konzentriert sich in einem beobachtenden Subjekt. An diesem Punkt sollte man sich nicht von der künstlichen Intelligenzia verunsichern lassen. Sie ist letztlich nur der Schleier eines nicht sichtbaren Beobachters. Wenn wir zu fundierten Urteilen, zu hilfreichen Aussagen z. B. über die Zukunft kommen wollen, müssen wir das Risiko der Subjektivität eingehen. Der menschliche Faktor führt nicht zu Ungenauigkeiten, er bietet als einzige Grundlage die Möglichkeit, das scheinbar Objektive zu übersteigen.

Beinahe vernünftig

In den vielen Vorstellungen, die sich Menschen über Gott gemacht haben, gibt es zwei sehr prägnante, die sich gegenüberstehen: 1. Gott hat die Welt erschaffen, hat ihr einen kräftigen Schubs gegeben – und sich dann anderen Projekten zugewandt. Er ist gewissermaßen wie ein Vater, der nach der Zeugung das Haus für immer verlassen hat. 2. Gott hat die Welt erschaffen und ist in allem was geschieht, zu jeder Sekunde präsent. Er ist ein Helikopter-Gott, der die Finger nicht von seiner Schöpfung lassen kann und immer und überall interveniert. Welchen Gott hätten Sie gerne?

Mit der Zukunft verhält es sich ähnlich: sie ist etwas, das zwar essentiell ist für unsere Existenz, wir können aber auch gut ohne sie leben; oder wir sehen in ihr eine allgegenwärtige Gouvernante, die alles was wir tun danach beurteilt, wie es ihr zugutekommt. Ein Fan der sogenannten Chaostheorie, die sich mit „nichtlinearer Dynamik" beschäftigt, würde dieser Gouvernante „energisch" (wie es heutzutage Politiker tun) widersprechen. Wie deterministisch, würde er sagen, noch nie etwas von Unvorhersagbarkeit gehört? Von Schmetterlingseffekten? Es ist nicht alles linear, die Effekte sind nur oft so klein, dass wir sie nicht wahrnehmen können. Oder nicht sofort. Der Issues Manager jedenfalls ist Chaostheoretiker und Krisenmanager in einer Person. Er weigert sich, für eine bestimmte Gottesvorstellung sein Votum abzugeben. Und er sagt sich, wie Chesterton, dass die Zukunft, gleich welche Krisen sie vorhält, „beinahe vernünftig ist, aber eben doch nicht ganz."

© Frank & Timme   Verlag für wissenschaftliche Literatur